青春文庫

なぜ一流ほど歴史を学ぶのか

童門冬二

青春出版社

はじめに――一流は歴史に「何を」求めているのか

一流（の人）は「歴史」を「情報」としてとらえています。それも〝自分の生き方に必ず役立つ〟と思われる情報を、歴史の中から釣り上げるのです。釣り上げる動機は感性であって理屈ではありません。しかし、この感性も一流なのです。

情報ですから扱い方はクールです。いろいろな方位から眺め、時にはひっくり返したりします。情報に振り回されるのではなく、情報を振り回すのです。情報に恐れ入るのではなく、情報を恐れ入らせるのです。一流は皆そうしています。そして、これは役に立たないと思ったら、捨ててしまいます。当然、そんな歴史を釣り上げた自分の予知力の未熟さを反省し、腹も立てます。

わたしはこの予知力（感性）の優劣が、一流かそうでないかの岐《わか》れ目だと思っています。ですから釣り上げた歴史を、役に立たないといってすぐに捨てるのは、あるいは釣り上げた人が一流でないからかもしれません。そうであれば、まだまだ一流になる余地が沢山残っている、ということです。ご自身にひそむ可能性を大事にしてください。歴史のほうは山と積まれて、釣り上げられる日を根気強く待っています。

この本で紹介したエピソードは、すべて、

「一流は歴史をこのように活用した」

というケーススタディ（事例研究）です。経営者・管理職だけでなく、いわゆる〝ヒラ〟や、タクシードライバーなどと話をしていて、（ああ、この人はあの歴史上の人物を、そういうふうに理解しているのだな）とか、逆に、（その解釈は少し短兵急だな、決めつけすぎる）などと感じたものを、少し整理して体裁をととのえたものです。

「一流は歴史から何を学ぶか」

という、いつも出る問いに、わたしは、

「一流は歴史を情報としてとらえた」

とお答えしたいからです。そう考えれば、歴史からの重圧感や苦手感などが一切消え、

「おい、信長さんよ、お前さんはいまのおれに役立つどんなことをしたンだい？」

と、信長とも気軽につきあえるようになるでしょう。繰り返します。

「一流は歴史を情報としてとらえ、自分の生き方に役立てている」と。

目次

第三章

歴史が〝つながる〟面白さ～人生で何を捨て、何を残すか

第四章　リーダーの見えない努力～〝情〟と〝非情〟のさじ加減

第五章 人生は下りに醍醐味がある～自分の「原点」を貫く生き方

第六章　歴史が自分の血肉となる瞬間～歴史から学んだ最大のこと

本文DTP／エヌケイクルー
カバー写真／Kevincho.Photography/Shutterstock.com

序章 歴史には〝解凍〟の仕方がある
～歴史を「いま」に生かす

歴史は「繰り返す」のか

よく、

「歴史は繰り返す」

という言葉が使われる。それに対してわたしは、

「歴史は繰り返さない」

と思っている。たとえ歴史にあったのとおなじ現象が起こったとしても、それは繰り返してはいないからだ。繰り返しでなく、

「時代状況に応じて、そのとき新しく生まれたのだ」

と思っている。つまり過去にあった歴史的現象とおなじようなことを新しく発生させたのであって、それはけっして再生ではない。創生なのである。すなわち、

「歴史はけっして繰り返さない。おなじ現象が起こっても、それははじめて生まれたものだ」

ということだ。そしてさらに、

「おなじ現象を生まれさせたのは、現代に生きるわれわれ自身なのだ」

と思っている。そして、このことが真に、

「歴史を現代に生かす」

ということにつながっていくと考えている。

歴史という〝冷凍物〟の解凍方法

では、歴史を生かすとはどういうことか。

わたしはいま、ものを書くほかに講演も頼まれるが、講演の後に、必ずきかれるのが、

「交通や情報伝達の手段がいまとまったく違うのに、なぜ信長・秀吉・家康などの

言行が役立つのか」

ということである。

確かにそのとおりだ。信長・秀吉・家康などのいわゆる歴史上の人物が生きた時代と、現在とは状況と条件がまったく違う。その違う条件の中で生きた人物の言行が、どうして現代に役立つのだろうか、というのは、もっともな疑問だ。

わたしは歴史は確かに〝冷凍物〟ではあるが、解凍の仕方によっては大いに役立つと考えている。その、

「冷凍物の解凍方法」

が、いわば、

「自分の歴史観を身につけ、歴史を現代に生かす方法」

なのである。

日本に大変革をもたらした、この〝発想の転換〟

今日的な話題を二、三並べて例として挙げてみよう。

いまの日本人がもっとも求めているのが「経済の成長」だ。つまり不景気からの

脱却である。織田信長はこれを成し遂げた。

信長はそれまで日本人の統一された価値観である〝土地至上主義〟をあらためた。土地を大事にする気持ちは鎌倉時代から貫かれてきた。人びとにとって一番大事なのは土地である。したがって一坪の土地でも大事にしたい。一坪の土地でも奪おうとする者とは命懸けで戦う。これが、

「一所懸命の思想」

だ。一所というのは土地のことであり、懸命というのはその土地に命を懸けるということ。信長は、

「これ（一所懸命の価値観）をそのままにしておくと、狭い国土の日本では限界が来る」

と考えた。早い話が、当時は家臣に与える給与も土地だから当然不足になる。対応するためには、

「土地一辺倒の日本人の価値観の大変革」

が必要だ。

では、かれは土地の代わりに何を持ってきたのか。

「文化」だ。

どういうことかというと、信長は国民生活に必要な「衣・食・住」の各面に、文化性を持たせた。

「住」でいえば、家の建築方法が変わり、設計・材木の吟味・雅趣の付与・調度品の選定などが、いままでとガラリと変わった。「食」は特権階級の高級料理が、いまでいうファミリーレストランで庶民も食べられるようになった。「衣」はデザイン・染色・織り方などが文化化した。このように「衣・食・住」のあらゆる面に文化的な付加価値を付けて、それを経済成長のエンジンにしたのである。それによって、いまでいえば、

・雇用の創出
・国民の新たなニーズ（需要）の発生・拡大
・埋もれていた芸術家やモノづくりの登場
・国民の消費増大

をもたらした。

信長は安土城からこの政策を展開した。したがってこの時代を〝安土時代〟という。それを引き継いだのが豊臣秀吉だ。

余談だが、秀吉は京都の伏見城からこの政策を展開した。したがって本来は〝伏見文化〟というべきだが、世間では〝桃山文化〟といっている。

伏見城の廃墟が桃山城と呼ばれるようになるのは江戸時代の元禄年間であって、秀吉の時代からはかなり隔たっている。しかし地域の住民感情としては、やはり伏見よりも桃山のほうがピッタリ来るのだろう。だから歴史区分でも、秀吉による経済成長の時代を〝桃山時代〟と呼んでいる。こういう大らかな歴史の見方も、一流の特性だ。

安土・桃山時代は、日本史上においても空前の高度経済成長期である。しかもこれが、

「輸出に頼ることなく、内需だけで高度経済成長を成し遂げた」

といわれる。信長の〝発想（新価値観の設定・即ニーズの創生）〟が現在にも役

立つと思われる所以《ゆえん》だ。

つまり信長は、一所懸命という土地至上主義の日本人の価値観を大きく変えることによって、経済成長をもたらした。発想の勝利である。その意味でも信長という政治家は、大変な天才だったといっていい。

では、信長は一体どういう動機によって、こういう考え方を持つに至ったのだろうか。この追究が、自分なりの歴史観をやしなうことにつながっていく。

その発想は、時代が変わってもこう生かせる

後年、同じように信長的な〝発想の転換〟をおこなった例に、角倉了以《すみのくらりょうい》（一五五四～一六一四）の京都の人工河川「高瀬川」の開発がある。これは、了以が、「日本海側の物産と、大坂に集結する瀬戸内海や太平洋の物産を交流させよう」という動機から開削《かいさく》したものだ。しかしこれは京都にいて考えられたことではない。角倉了以の家業は土倉業（質屋）だった。かれは、他人から質物をとって金を貸す商売に限界を感じた。

「もっと公共性のある仕事がしたい」

と思い立ったのである。

かれの友人が備前（岡山県）の和気川《わけ》（吉井川）のほとりに住んでいた。なかなか発想力があって、商売も繁盛している。了以は、この友人にヒントをもらおうと思い、備前国へ旅立った。たまたま夏のことだったので、友人は、

「和気川に舟を浮かべて涼をとろう」

と誘った。舟に乗って酒を飲んでいると、かれらが乗った舟の周囲を、しきりに幅が広く底の浅い舟が往復している。

了以が、「あの舟は何だ」ときくと、友人は「高瀬舟だ」と答えた。この地方の農民が狭い水路を農作物を運ぶときに使う舟だそうだ。

備前・備中国には三本の大河が流れている。東から和気川（吉井川）・旭川・高梁川《たかはし》の三本である。真ん中の旭川の河口に岡山城があって、戦国時代の城主は宇喜多直家だ。この宇喜多直家があるとき、

・日本では、物の流通をはじめ何事も〝東西〟で考えることが多い
・しかし、備前国にも東西だけではなく南北がある

・(備前国は) 北は山岳地帯であり、南は臨海地帯だ
・土地の条件が違うから、産物も違う
・この北と南の産物の交流を図れば、経済が活発になり、住民たちの生活の格差もなくなるだろう

と考えた。そして、旭川を〝南北の水の道〟と考え、北の山岳地帯における産物と、南の臨海地帯における産物との交換を思い立った。

「その流通の役割を果たすのが高瀬舟だよ」

友人はそう説明した。

了以はこれに大きなヒントを得た。かれはいわば谷間のような京都に住んでいる。海がない。しかし考えてみれば京都の北東には琵琶湖がある。水の道として使える。ちょっと山越えをすれば日本海に出る。ただ、京都内の鴨川は流れが速すぎて流通用には使えない。了以は思い立った。

「わしの手で新しい川をつくろう」

こうしてつくられた川が高瀬川だ。

高瀬川といえば、現代のわたしたちは森鷗外の短編『高瀬舟』を思い出すが、舞台となった高瀬川をつくったのは角倉了以で、

「では、角倉了以はどういう動機によって高瀬川の発想を得たのか」

と追究していくと、備前国の宇喜多直家による、経済格差をなくすための斬新な発想によるものだということがわかる。これはいまでも十分に通じる発想だろう。

「自分の歴史観」をやしなう、ということ

このように、必ずしも歴史というのはそのまま〝打ち捨てるべき冷凍物〟ではない。熱を加えて氷を溶かせば、結構食べられる。場合によっては、歴史ならではの秘められた味が出てくる。

この〝冷凍物を溶かす技術〟が、そのまま「自分の歴史観」になり、「歴史をいまに生かす法」につながってくる。簡単にいえば、「自分の歴史観」とは、

「過去の遺物である歴史の氷を溶かして、自分の生き方に役立たせる方法」

といっていいだろう。

第一章　歴史は「複眼」で見る
～人間関係の「本質」を学ぶ

「複眼」ではじめて見えてくるもの

自分の歴史観を持って、歴史をいまに生かすには、まず何より歴史を多面的に見ることが必要だ。

わたしはしばしば、

「歴史上の人物は円筒形だ」

と書いてきた。つまり、

「三百六十度の方向から光を当てるべきもの」

であって、光の当たる角度によって、見方が変化するということだ。

たとえば織田信長は、比叡山の焼き討ちや長島一向一揆の虐殺などで鬼扱いされている人物で、確かに冷血無比な破壊者といった面もあっただろう。

しかしいっぽうで、美濃国に拠点をおいた際、稲葉山城があった井口《いのくち》という地を「岐阜」とあらためた。これは古代中国・周の武王が拠点とした「岐山《きざん》」にちなむとされている。岐阜の「阜」は丘という意味だ。

ここに、中国で王の範とされる武王にならって、一刻も早く戦乱の世を終わらせ、平和な日本にしようという壮大な政治理念を持っていた信長の一面も読み取れる。鬼の冷血漢・信長は消えている。

このように、光の当て方しだいで、その人物の見方はまったく違ったものになる。日本人は信じやすい（あるいは、決めつけやすい）性格を持っているから、歴史を〝単眼〟、つまり一つの視点、一つの説だけでとらえてしまうことが多い。わたしは常日ごろ、歴史は〝複眼〟で見るべきだと考えている。

複眼で見るというのは、通説に対し疑いを持つということだ。

「本当にそうだったのか」

と考え、別の面（時には反対側）から見ることは、自分の歴史観をやしなううえで絶対に必要な視点だ。

なぜ坂本龍馬は簡単に暗殺されてしまったのか

たとえば幕末の、慶応三（一八六七）年十一月十五日に、京都で坂本龍馬と中岡慎太郎が暗殺された。ふたりはともに土佐出身で、かつての土佐勤王党の党員であり、仲もよかった。一般的にいえばふたりは「同志」である。そのため、ふたりが京都で殺されたときは、

「来《きた》るべき日本社会の変革について、酒を飲みながら大いに歓談していたのだろう」

という見方がされている。そこへ刺客に踏み込まれた。しかし、このときに、

「敵と斬り結ぶ刀をそばに置いていなかった」

といわれる。なぜだろうか。わたしはここに、

「この事件を複眼で見てみよう」

という気持ちを発生させる。わたしが感じたのは、

・この夜、ふたりはけっして仲良く歓談していたのではない

・対立する意見を吐露し合って、猛烈な激論を交わしていた
・特に、中岡慎太郎の怒りは凄まじく、坂本を激しく論難していた
・それは、中岡が岩倉具視《ともみ》の別邸で進めてきた「武力討幕」（国内戦争による変革）の計画に、頭から水をかけるように、坂本龍馬が土佐藩を通じて将軍徳川慶喜《よしのぶ》に「大政奉還」（平和な話し合いによる変革）をすすめたからである
・中岡は、坂本をののしり「なぜ、われわれの計画の邪魔をするのか」と詰めよる
・これに対し、坂本は持論を展開する。坂本はもともと平和論者だ。したがって政権を移すにしても「それは話し合いによるべきだ」と主張する。つまり武力討幕（国内戦争）には絶対反対だ
・中岡にとって、これは絶対に承服できない政治路線である

という状況である。

なぜわたしはこんな見方をしたのか。それは坂本龍馬についてはだれもが詳しく調べるが、中岡慎太郎についてはあまり詮索しない。しかし複眼の立場に立って中岡慎太郎を仔細に調べてみれば、かれは、

「国内戦争によって、国民の意識を変えるべきだ」

と主張していたことがわかる。中岡慎太郎はアメリカで起こった南北戦争にひどく関心を持ち、また感嘆もしていた。つまり、

「たとえ同国人であっても、主張が違えば殺し合いをする。こういうドラスティックな手段をとらなければ、国民の真の意識変革はできない」

と考えていた。岩倉邸に集まっていた同志は、完全に、

「武力討幕論者」

の群れである。殺された段階では、すでに「王政復古の大号令」や、官軍が掲げる〝錦の御旗〟の見本まで出来あがっていた。長州藩の品川弥二郎は江戸へ進む官軍が歌う日本の軍歌第一号（〽宮さん宮さん お馬の前に……）も作詞していた。

そういうときに、坂本龍馬が突然、土佐藩士の後藤象二郎に「船中八策」を伝え、後藤はこれを旧藩主山内容堂に捧げて、慶喜に提言させたのだ。

王政復古実現を夢見る武力討幕派にとっては、突然の出来事であった。もし慶喜が大政奉還をしてしまえば、討幕は倒幕に変わり、内戦の経験なく平和裡に政権が天皇に移ってしまう。つまり武力討幕派にとっては、

「振り上げたゲンコツ」

の下ろす場所がなくなるのだ。

刀をそばに置いておかなかった本当の理由

武力討幕派はこの後の江戸城攻撃の際に、西郷吉之助（隆盛）と勝海舟の腹芸によって苦い汁を飲まされるのだが、このときも振り上げたゲンコツのやり場に困った。そのため、会津を軸とする東北諸藩に対し、もう一度ゲンコツを振り上げて思いきりあちこちに叩きつけはじめる。東北戦争はいわば、江戸無血開城によって不完全燃焼になった新政府軍の、

「徳川幕府に対する遺恨の燃焼」

のためのものだったといっていいだろう。

坂本と中岡の例に戻れば、ふたりは大激論を展開していたので、おたがいに、

「太刀《たち》をそばに置いておくと、おぬしとの斬り合いになる」

と感じ、刀を遠ざけた。そのため刺客に踏み込まれたときに刀をすぐに手にできなかった。この夜のふたりは大喧嘩をしていたのであって、けっして仲良く酒を飲

みシャモを食っていたわけではない。複眼で見ると、そんな推理も成り立つ。

そうなると、ふたりとも土佐勤王党の党員であるが、はじめから路線対立が進んでいたと見るべきだろう。

龍馬を暗殺した意外な黒幕

この暗殺の黒幕については従来からいろいろといわれてきているが、まだ確とした説が固まっていない。幕府側がやったともいうし、あるいは討幕派の中でも薩摩藩が怪しいとかいろいろな説がある。わたし自身は、

「坂本は、幕府側からも討幕側からも、ともに狙われていた」

と思っている。

真犯人は見廻組の今井信郎という男が名乗り出たので、この人物だと仮定されている。しかし真相はわからない。たとえば、こんな考え方はできないだろうか。

岩倉邸に集まっていた討幕派のだれかが、

「いま、坂本龍馬は京都の近江屋という家にいるぞ」

とチクれば、ただちに幕府側の見廻組や新撰組が出動していく。坂本はかねて指

名手配の政治犯だからだ。したがって、黒幕が直接手を下す必要はない。チクればいいのだ。そうすれば実行犯は別に出動していく。しかしそうなると、

「討幕派がなぜ、討幕派の中岡まで殺してしまうのか」

という疑問が湧く。坂本を襲うのならわかるが、中岡も一緒に巻き添えにするのはどうかということだ。

これはそのとおりだ。しかし、このことについてわたしは非情な考え方をしている。中岡は浪人だ。組織に属する人物ではない。この時点ですでに討幕運動は組織（藩）の政治闘争の様相を見せており、特に薩摩藩と長州藩がその先頭に立っている。非情なようだが、組織の論理からすれば、

「浪人は、非組織人である。抹殺しても組織に影響はない」

という考えが成り立つ。したがって、

「坂本を殺すときに、中岡が巻き添えになるのもやむを得ない」

という冷たい論理が働いたのではなかろうか？　わたしは、

「あながち、あり得ないことではない」

と思っている。

「薩長連合」は龍馬による事業ではない？

武力討幕派が突然勢いを増したのは、薩摩藩の西郷吉之助（隆盛）の変心による。そして西郷吉之助の変心を促《うなが》したのは意外にも勝海舟である。

これは元治元（一八六四）年九月十一日のことで、西郷が勝と会ったのは、大坂の西郷の宿所においてである。このころの勝は失意の底にいた。かれは、

「国防のためにも、幕府や各大名家がバラバラに海軍を持っていたのではダメだ。統合する必要がある。その統合された日本海軍をひきいる士官を養成するために、神戸海軍操練所をつくろう」

と志して実現させた。しかし、その年に起こった「池田屋事件」や「禁門の変」に、操練所の学生が参加した。それも反幕府の過激派としてである。幕府は怒った。

「国立の海軍兵学校の学生が、政府（幕府）を倒す反乱に参画するとは何事か！」

ということで、神戸海軍操練所はたちまちつぶされた。そして所長であった勝も江戸召還の指示を受けた。江戸に帰れば当然切腹ものだ。勝もそう覚悟した。そうなると勝が思い描いた、

「新日本国家構想」

が夢に終わってしまう。勝は思いきって、

「これを、西郷たちに実現してもらおう」

と考えた。だから勝のほうから西郷に会見を申し込んだ。使者に立ったのは坂本龍馬である。西郷に会った坂本にその印象をきくと、

「西郷は大きな太鼓《たいこ》だ。大きく叩けば大きく響き、小さく叩けば小さく響く」

と答えたという話は有名だ。

その後、勝は大坂まで行って西郷に会う。そしてこのとき、
・幕府が徹底的に腐りきっていること
・その例として、これこれこういう証拠がある
・幕府は解体されるべきで、新しい政権が必要になる
・その新政権を樹立するのが、薩摩藩や長州藩などの先進的雄藩である
と熱弁を振るって説いた。極秘事項もバラした。最初は、西郷は呆れていた。幕臣の勝がやってきて、幕府の最高機密を漏らすのは、結局は勝自身の不満のあらわ

れだろうと思ったからだ。しかし違った。勝は勝なりに、

「日本の新政体構想」

を持っていたのである。つまり勝が西郷に説いたのは、私心に発するものではなく、あくまで日本国家のための公心にもとづいていた。西郷はそれを察知した。だからこそ西郷はそれまでの、

「公武合体思想」

を突然なげうって、倒幕、開国へと舵をきるようになったのである。

この夜、興奮した西郷は、故郷の同志大久保一蔵（利通）に手紙を書いた。文中にしきりに「共和政治」という言葉が出てくる。勝からの受け売りだ。西郷が「共和政治」などというとちょっとおかしくなる。が、この夜の西郷は真剣だった。そして、もっと複眼的な見方をしていけば、勝の西郷への説得の言葉の中にすでに、

「薩摩藩と長州藩は手を結ぶべきだ」

という、いわゆる〝薩長連合〟の芽が語られている。薩長連合といえばすぐに坂本龍馬の事業だと思いがちだが、必ずしもそうではない。当時イヌとサルのような関係にあった薩摩と長州の手を結ばせようという運動は、あちこちで起こっていた。

そして、勝の西郷説得の中にこの案が入っているのは、勝の構想する諸藩連合による新政体ということからすれば、当然のことであった。

江戸無血開城の陰の立役者とは

ついでに、勝がらみでかれの最大の功績とされる〝江戸無血開城〟についても触れておこう。これも複眼で見れば、わたしはこの大芝居も、

「けっして西郷と勝との間で決められたものではなく、その前の段階で会談がすまされ、事実上の合意は決まっていた」

と思っている。すまされた会談とは、だれとだれの間でおこなわれたのか？　新政府側は西郷で、幕府側の使者は山岡鉄太郎（鉄舟）である。

山岡鉄太郎は複雑な人物だ。幕臣の家に生まれ、父親は飛騨高山（岐阜県）の代官などを務めた。鉄太郎は若いときから剣を学び、千葉周作の門に入った。そして槍で名を高めていた山岡静山の家に養子として入り、その家を継いだ。武術家である。しかし徳川幕府内にあって、常に尊王論を唱えた変わり種だった。

文久二（一八六二）年には、江戸にいた浪士が将軍（十四代家茂《いえもち》）上洛のときに

特別警護隊として編成され、山岡はその取締役になった。京都に着いた浪士隊のうちから新撰組が生まれる。

維新時に、かれは上野にこもる彰義隊などに恭順を説いたが、なかなか説得できなかった。かれの尊王論はホンモノで、誕生した天皇政府に対してあくまでも忠誠心を持っていた。ただ、主人であった将軍（慶喜）に対しても心を配り、その助命を願っていた。新政府が東征軍を発向させたときからかれは、

「将軍と徳川家の安泰を願おう」

と心に決めていた。

この豪胆な行動が江戸市民を救った

たまたま旧軍艦奉行であった勝海舟の家に、薩摩藩士・益満休之助《ますみつきゅうのすけ》が軟禁されていることを知った。

益満は、戊辰戦争の原因となった「江戸御用党事件」（薩摩藩が抱えていた浪人集団が、江戸の混乱のために市中で狼藉《ろうぜき》を働き、怒った旧幕府側が薩摩藩邸を襲撃した事件。薩摩藩に開戦の大義名分を与える結果となる）の指導者である。これが

功を奏して、西郷を大よろこびさせ、ついに鳥羽伏見で戦端が開かれたのである。

この事件で旧幕府軍が三田の薩摩屋敷を攻撃した際、匿《かくま》われていた浪士たちは全部裏門から海に出て、海路京都へ上った。このとき、益満はすすんで幕府に捕らわれ、そのまま勝に預けられて軟禁されていたのである。

山岡は益満を利用しようと思った。そこで勝の家に行き、このことを話した。勝は承知した。勝もまた、慶喜の恭順論に賛成し、なんとかして徳川家と慶喜の生命を救おうと考えていたからだ。

山岡は益満を連れ、すでに駿府《すんぷ》（静岡市）まで来ていた東征軍の本部へ馬を走らせた。このとき山岡は東海道に群がっていた政府軍の間を突っ切るときに、

「朝敵徳川慶喜家来、山岡鉄太郎まかり通る！」

と叫び続けた。政府軍の将兵は呆気にとられ、静止することもできずに山岡と益満の馬を見送った。もちろん、このときに益満は、

「薩摩藩士益満休之助、駿府の総督本営へ向かう！」

と叫んでいただろう。そうでなければ、政府軍は賊の山岡を通すわけがない。襲いかかって山岡をたちまち捕まえたはずだからだ。

いずれにしても、益満の紹介で、山岡は西郷吉之助に会った。このとき、「旧幕府の降伏条件」について協議した。条件は、降伏するときの、

・城の明け渡し
・兵器の引き渡し
・城中にいた兵の退去
・総大将の処分

などである。ほかの条件はすべて承知したが、山岡が承知しなかったのは、「総大将の処分」、つまり徳川慶喜の処遇であった。西郷側は、「備前（岡山県）岡山藩に預ける」

と申し出た。山岡は承知しない。仮にも将軍だった慶喜を、一大名家に預けるなどということは、慶喜はもちろん幕臣全員にとっても、耐えがたい屈辱だからである。この一点で粘りに粘った。最後には、

「西郷先生がわたしの立場だったら、どうお考えになりますか」

と迫った。さすがの西郷も閉口した。そこで、

「この一点については、正式に降伏交渉をおこなうときまでに善処しよう」

と約束した。

通説では、江戸開城の交渉は、西郷吉之助と勝海舟とがおこなったことになっている。しかし、山岡が粘ったおかげで徳川慶喜は生家である水戸藩にお預け、という寛典に処されることになった。

偉業の裏にある〝下交渉〟と〝人間関係〟

この事件で何がいいたいかといえば、江戸開城の交渉は、アヒルの水かきのごとく、実質的には「西郷・山岡会談」によって成立していたということだ。慶喜が水戸藩に預けられることになったのも、山岡が粘りに粘った結果だ。そうなると、江戸での勝海舟と西郷の会談の内容はほとんど山岡が詰めていたことだ。

おそらく勝海舟にしても、

「江戸無血開城はすべておれの手柄だ」

とは思わなかったに違いない。山岡鉄太郎の功績によるところが大きいことを知っていたからだ。

西郷が一幕臣であった山岡鉄太郎に会ったのは、確かに益満休之助の仲介があったからだろうが、しかし敵中突破して、場合によっては殺されるかもしれない東海道を、たった二騎で走り抜けた度胸によるところも大きい。そんな豪胆なことができたのも、やはり山岡が剣豪だったせいである。

勝ももちろん剣術の達人で、特に禅を学んでいて「剣禅一致」の刀法を旨としていたから度胸は十二分にある。そして、山岡鉄太郎も禅を学んでいた。やはり剣禅一致を体得していた。

これがもし、勝海舟が馬に乗って駿府に駆けつけたなら、おそらく勝の名を知る者は多いから殺されてしまっただろう。山岡鉄太郎はそれほど有名ではない。アヒルの水かきとしては適任者だった。

同時に、同行した益満休之助の功績も大きい。かれは西郷の秘蔵っ子だったから、西郷は益満の紹介する山岡に快く会ったのだ。西郷にすれば、江戸御用党事件について多少の負い目を感じていたに違いない。西郷は、江戸御用党事件が発端となっ

て幕軍がいっせいに京都に押し寄せる、という報をきいたとき、膝を叩いて、

「やったぞ」

と叫んだという。しかしその後の情報によれば、

「多くの御用党関係者は脱出したが、益満休之助が一人で責任を負って幕府に捕えられた」

ときいた。おそらく西郷にすれば、忸怩《じくじ》たる思いがあったに違いない。なぜなら、江戸で浪人を取り仕切った責任者は益満だ。幕府の公式尋問には応ぜざるを得ない。益満は浪人はすべて逃がしたが、自分は捕らえられた。つまり西郷の謀略の尻ぬぐいのために、身を挺した形になったからだ。

そんな事件もあって、西郷は大謀略家だという評もあるが、緊急の際にそういう面があったにしても、本来は清潔な人柄だ。したがって、鳥羽伏見の戦いの口実ができたにせよ、西郷の頭の中にはずっと益満休之助の存在があったと思う。そういう情深い人物だ。

だから江戸攻撃のために総督府が駿府まで進んだときにも、益満の存在は気にかかっていたに違いない。それが益満のほうから山岡鉄太郎を伴ってやってきたのだ

から、西郷はうれしかったことだろう。当然、益満の紹介する山岡鉄太郎と会って、「江戸開城の下交渉」をすることにやぶさかではなかったはずだ。西郷が一介の旗本である山岡に会って交渉をしたのも、わたしは半分は益満に対する贖罪《しょくざい》の意味があったと思っている。

歴史的事件はすべて〝人間関係〟によって成立している

こういうように歴史事件というのは、その深層を掘っていくと、いろいろ複雑な事情がある。そして感じるのは、

「歴史的事件も必ず人間関係によって成立している」

ということだ。だから「自分の歴史観」をやしなううえでも、

「この事件は、どういう人物とどういう人物との絡み合いによって起こり、成立したのか」

ということを探っていくと、意外な面が発見できる。

そしてそれは、いわゆる〝通説〟とは違ったものを掘り起こすことができる。これもまた、「自分の歴史観」をやしなう楽しみにつながっていく。

第二章

生きる道標《みちしるべ》としての「歴史観」
～ブレない自分の支え方

歴史観とは「人生観」でもある

では、そもそも「歴史観」とは具体的にどういうものなのだろうか。

わかりやすく説明するために、「わたしの歴史観」から書かせていただこう。

わたしは自分の歴史観を一言でいって、

「自分が生きる道標だ」

と考えている。だから歴史観というのはそのまま「自分の人生観」といってもいい。

しかも、この人生観はあくまでも、

「自分を励まし、力づける人生観」

である。自分を励まし、力づけるのには、やはり、

「つねに自己肯定的」

であるべきと考える。自分を否定はしない。オール肯定だ。

「自分はこれでよいのだ」

という自信を持って、人生の山や谷を堂々と歩いていく力を生む考え方である。

一般的に、自分の人生を振り返り、どう生きていくかを考えた場合には、

「自己反省・過去への振り返り・将来への不安・それを克服する手段の模索」

などの要素が考えられる。しかし、後期高齢者であることもあり、わたしは自分の人生観については、

「オール自己肯定する」

という方針を貫いている。否定的な要素は取り入れない。だから、わたしの「歴史観」というのも、この、

「自己肯定」

を形づくる細片《さいへん》から成り立っている。

歴史の中に〝日常〟を感じているか

二宮金次郎の人生観に、

「積小為大《せきしょういだい》」

という言葉がある。これは、

「小さなことを積み重ねて、はじめて大きな事を成せる」

といった意味だが、「自分の歴史観」を形づくるためには、この「積小為大」の考え方が大切だ。つまり歴史観というのは、歴史の中に日常を感じ、同時にそれを自分の血肉とする細片の積み重ねなのだ。そのためには、まず、

「歴史を距離を置いて見るのではなく、自分の血肉とする親近感」

が必要だ。つまり、歴史は〝他人事〟ではなく、〝わが事〟なのである。いうなれば、歴史の中に自分が同化し、歴史上の人物の苦しみや悲しみを共感し、体感し、それをわが事として「では、どうするか」ということを、歴史上の相手（歴史上の人物）とともに考え抜くという姿勢だ。

だから、遠い昔の出来事であり人物であっても、タイムトンネルを抜けて、その人物や事件と同時に生きている、という実感を持つことが大事になってくる。

この共感・体感さえ得られれば、歴史観をつくりだすことはそれほど難しくはない。なぜなら、その事件に関わる人物がどういう対応をしたかということについては、すでに史実として存在するからである。大切なのは史実を「自分に役立つ情報」として大切に扱うことだ。

歴史観は変化するもの

自分の歴史観をやしなう過程において、おなじ事件・おなじ人物を見る姿勢が、年齢や社会的立場によってしばしば変わる。これは最初に書いたように、「自分を励まし、力づける考え方」なのだから、当然そうなる。年を取る、あるいは社会的立場が変わることなどによって、当然、「生きる方法」にも変化が起こる。ということは、「自分の歴史観」も、しばしば修正されたり、あるいは否定されたり、あるいはガラリと変わった見方をしたりなどの現象が次々起こるということだ。

その一番わかりやすい例として、わたしの代表作である『小説 上杉鷹山』について取り上げてみよう。

「上杉鷹山」に込めた、わたしの都庁勤務経験

わたしが上杉鷹山を書いたのは、もう三十年以上前になる。この小説はもともとは「山形新聞」に連載したものだ。当時、わたしは東京都庁を辞めたばかりだった。五十一歳のときである。

わたしの都庁時代の晩年は、広報室長や企画調整局長などを歴任したが、主たる仕事の一つに「パブリシティ」があった。マスコミへの対応だ。わたしは都政記事を扱ってくれるマスコミの窓口責任者だった。当時の知事は経済学者の美濃部《みのべ》亮吉《りょうきち》氏だった。

美濃部さんの都政は革新都政といわれた。当時はまだ日本人もレッテル貼りが大好きで、革新都政といえば左がかった仕事ばかりする、というような見方がされていた。だから福祉行政や公害防止などの仕事もすべて「革新のやることだ」といって、保守側は目を背けていた。

いまはそんなバカな仕分けはしない。保守といわれる政党や政府でも、いまどき福祉や公害防止などを政策化しなければ、国民はソッポを向く。国民の意識が急激に高まってきているからだ。しかし国民の意識を高めるキッカケをつくったのは、わたしはひそかに「あのときの都政の功績だ」と思っている。なぜなら、美濃部知事が、

「都政の主人は都民だ」

といいきったからである。これは半面、都民にも自覚を促した。つまり、

「都政は他人事ではない。自分たち自身のものだ」

という意識改革をおこなうことにつながった。他人事でなくわが事であれば、当然関心を持ち、考えて、実行しなければならない。責任も持たなければならない。と同時に東京都庁に勤める職員の意識改革でもあった。わたし自身それまで美濃部さんのいうように「都政の主人は都民だ」という意識はあまりなかった。

戦後すぐに勤めた目黒区役所（当時の区役所は東京都の出先機関だった）にいたときから漠然と「だれかさんをよろこばせたい」と考え、そのだれかさんとは区民だという意識はあった。しかしまさか区民が区政の主人だ、というところまでは思

い及ばなかった。

確かに敗戦後、憲法が変わり、自治法が制定され、役所に勤める人間はすべて「パブリック・サーバント（公僕）」といわれた。憲法の精神は明らかに、

「国政の主人は国民だ」

と、はっきりと主権在民をうたっていた。しかしこれが行きわたって、一人ひとりの意識として設定されるまでには時間がかかった。わたし自身もおなじだった。漠然と、

「区政の主人は区民だ。われわれはその僕《しもべ》だ」

という、〝主従関係〟は認識していたが、実感としては体得できなかった。やはりわたし自身の中にも昔ながらの〝お上意識（権力意識）〟があったことは否めない。区民に対するサービス提供にしても、

「やってやる」

という気持ちがまったくなかったとはいいきれない。いま考えると恥ずかしい。

だから、美濃部さんが、

「都政の主人は都民だ」

といいきったときには、びっくりした。そして、昭和二十二年（わたしが東京都職員になった日）以来、モヤモヤしていたものが吹っきれた気がした。

そして、自分が認識を変えたために、美濃部都政への期待が高まった。つまり、「主権在民の地方行政を完全に実行してくれる」という考えに立ったのである。このことが、その後十二年の都政の奔流にわたしを突入させ、夢中にさせた。

『小説 上杉鷹山』は、美濃部都政十二年の総括でもある

後に、わたしは美濃部さんが辞めるときに一緒に都庁を退職した。

そんな折、たまたま山形新聞からの誘いで、『小説 上杉鷹山』を書いた。このときもまだわたしは〝理念のかたまり〟だった。

したがって、鷹山の行動はすべて「主権在民」を基礎にした地方行政であり、また、「公僕」として住民サービスに徹することを城の役人たちに求めた、というスタンスを貫いている。

これは、ある意味で美濃部都政十二年の総括である。したがってかなり美濃部都

政の影が入り込んでいる。さらに、当時から批判があったように、

「あまりにも美化しすぎる」

という傾向がなかったとはいえない。事実、わたしは鷹山行政をかなり美化し、同時に美談化した。タイトルに「小説」と銘打ったのは、必ずしも史実ばかりではなかったからである。相当に歴史における〝if（もし）〟を活用したことも事実だ。

「たとえ史実になくても、あるいはこのくらいのことがあったかもしれない」

という一種の歴史への甘えを基礎にしたエピソードも少なくはない。特に登場人物たちの心理面についてはかなりわたしの〝かくあってほしい〟という願望が込められている。だからわたしを知る親しい人たちの中には、

「鷹山は十九歳や二十歳で、あんなことができるのか」

と疑問をぶつけてきたこともある。当時のわたしは、

「鷹山ならできる。鷹山はやったんだ」

と強弁してはばからなかった。わたし自身も、

「鷹山ならできた」

ということを信じ抜いていたからである。いずれにしても『小説 上杉鷹山』は、

若いころから壮年期にかけてのわたしの、

「政治に対する期待とその理念化」

が最大のモチーフであったことは確かである。

わたしの中で鷹山の見方が変わった理由

しかし、わたしは年を取るにつれて鷹山に対する見方も少し変わってきた。特に、

「後継者の養成」

である。


鷹山は請われて隠居の身でありながら、現藩主であるかのように改革の指導をおこなう。この改革が、隠居前におこなっていたものよりも効果を生じ、成功する。現代の企業になぞらえれば、社長の座を退いた会長が、再び実権を振るって社の業務に口を出し手を出すということだ。

いまははたしてこれが正しいかどうかわたしは疑問に思う。そして疑問に思いはじめたのが、最近のことなのである。

「後継者へ道を譲る、ほんとうに正しい方法は何か」

を考えることが多くなってきたからだ。

というのも、わたしは経営者対象の講演会をおこなうことも多いのだが、控え室などにいるときに、後継者問題を相談されることが多い。いわく、

・後継者は、血筋を重んずるべきか、能力を重んずるべきか

・血筋を重んずるとすれば、現社長は早期に退《しりぞ》いて、後継者に帝王学教育をおこなうべきか

という悩みだ。これに対して、現在のわたしは、

・企業の後継者は、極力血筋を重んじたほうがいい

・これは、何がどうあれ社内全体の収まりがいいからだ

・その際、後継者のライバルとなるべき（血筋以外の）能力者は、本社から退け、傍系の会社などでがんばってもらうべきだろう

という意見を述べる。

きっかけは名将・武田信玄の失策から

この考え方を持つようになったのは、一つには名将といわれた武田信玄の、「後継者養成」

が、まったくなっていなかったからである。信玄は確かに名将だ。したがって信玄が武田家のトップに立ち、諸将を指揮していたときの言行は多く参考になる。

しかしかれが、反信長軍の総大将となって京都に向かい、その途中で志半ばにして、病に倒れたときのおこないには、賛同しかねるものが多い。

信玄が途中で死んだことは、信長にとっては幸運だった。信玄は、

「いったん甲府に戻り、療養して再起しよう」

と考え、途中から進路を変えて、信州（長野県）に入った。しかし駒場という長野県の入口で死んでしまう。このときかれは、息子の勝頼と宿将を集めて遺言した。内容を意訳すると、

・自分の跡は勝頼には継がせない。勝頼の子ども（信玄の孫）に継がせる
・したがって、武田家の主が持つべき風林火山の旗や、軍扇は勝頼には渡さない。孫に渡す
・自分の死は三年間発表してはならない。特に織田信長に知られてはならない
・自分の遺体は瓶に入れ、諏訪湖（勝頼の母のふるさと）の底に沈めること
・勝頼は息子の後見となり、当分外征をおこなってはならない。内政に専念せよ

などと告げた。諸将立ち会いの公開の遺言状だ。当然のごとく勝頼は憤激した。したがって信玄が死んだ後、勝頼はこの遺言をことごとく破る。

「信玄公の跡は自分が継ぐ。自分の息子ではない」

と宣言する。信玄の死はすぐ他国に知れた。勝頼は、信玄の遺体を瓶に入れて諏訪湖の底に沈めることなどしなかった。甲府に戻って大々的な葬儀をおこなった。外征をやめるどころではない。大いに外に乗り出した。そして父が攻略することのできなかった、徳川側の高天神城《たかてんじんじょう》を落城させた。勝頼の武名はあがった。勝頼は満足する。

「これで、父をしのぐ武名をあげることができた」

と自信を持つ。その自信が高じて、有名な〝長篠の合戦〟では、織田信長・徳川家康連合軍に大敗を喫する。これがきっかけとなって、勝頼の主宰する武田家は滅亡の道をたどる。その主因は、明らかに父である名将信玄の後継者養成が間違っていたからである。

勝頼を相続人として設定し、信玄は少しずつ退いて、勝頼に自分の体験も含めた帝王学を教えるべきだった。勝頼は確かに側室の生まれだ。そのへんに信玄のためらいがあったのだろうか。ならば、その側室の子である勝頼の子を相続人に指名するというのもおかしい。明らかに、信玄に心のブレがあったことは確かだ。

黒田官兵衛が持ってきた「他山の石」

このことを知って、

「信玄の轍《てつ》を踏むまい」

と考えたのが、黒田官兵衛である。官兵衛は、当時〝戦国時代でもっとも頭脳のすぐれた男〟といわれた。若いころのかれには、そういわれることに誇りを感じ、

みずから鼻の先に自分の才知をぶら下げる気味もあった。が、晩年のかれは違う。かれの言行集を読むと、

「主人は部下を恐れよ。そして部下以上に民を恐れよ」

といっている。

晩年になって、徳川家康の平和的な日本経営が定着すると、かれももはや天下を狙う欲を捨てた。ひたすら、

「相続人長政を推し立てて、黒田家を安泰にしなければならない」

と考えた。そのためにいままではどちらかといえば上意下達《じょういかたつ》だったコミュニケーション方式も、下意上達に変えた。福岡城内に「異見会」を設けて、しきりに藩政に対し積極的な意見を求めるようになった。会の議長も正式な藩主である長政に委ね、陪席するにとどめた。

が、現トップである長政が異見会の運営を極力民主的にしようと心掛け、参加者の意を必要以上に尊重するので、官兵衛は心配した。

(トップが決断権を失って、下の意見ばかり重んずるようになったら、組織は崩壊する)

と考えたからである。
そんなころ官兵衛は病気になった。治る見込みはない。そこで考えた。

・いま自分が死ねば、多くの賞賛の言葉が寄せられるだろう
・これは武田信玄とおなじだ。しかしそうなったとき、相続人の長政はどういう立場に立たされるだろうか
・信玄が、名将の名をほしいままにして褒め言葉を棺桶にベタベタと貼りつけてあの世に行ってしまったから、残された勝頼はバカを見た
・武田二十四将といわれる重臣たちも、勝頼を必ずしも尊敬しなかった
・常に、先代の信玄を引き合いに出し、信玄をモノサシにして勝頼を批判した
・勝頼はしだいに「グズな二代目」「決断力のない二代目」「不肖の二代目」などといわれるようになった
・勝頼が信玄の遺言をことごとく破ったのは、おそらくそういう憤懣《ふんまん》からきた反発心だったろう
・長政を勝頼の立場に追い込んではならない

これが官兵衛の結論である。そこでかれは、

・いま重臣をはじめとする黒田家家中の、自分に対する尊敬や信頼の念をことごとく退けなければならない

・それには、家臣というよりむしろ同志的結合で黒田家をもり立ててきた重臣たちを、まず自分から引き離さなければならない

「そのためにどうするか」

官兵衛は考える。このときかれがとった方策は、

「世話になった重臣たちを悪しざまにののしり、呆れさせて、自分から心を離れさせることだ」

と思い立ち、これを実行したのである。病室から発信される重役たちへの悪口は、重役たちを呆れさせた。はじめは冗談だと思っていたのが本気だと悟り、重役たちは憤激した。しだいに事態は深刻になった。重役たちは相談した。

・ご隠居様（官兵衛）は頭がおかしい
・われわれの悪口を意図的にいっている。悪口がいえた筋合いではない。われわれは黒田家がまだ零細な時期からもり立てた、いわば黒田家立ち上げの功臣である
・にもかかわらず、ご隠居様があくまでもわれわれの悪口をいうならば、われわれもご隠居様を見捨てる。そして二代目の長政様をもり立てる

こう決議した。このことを長政からきいた官兵衛はよろこんだ。つまり、

（おれの作戦が成功した）

と考えたからである。これは単なる親心ではない。しだいに決断力を失っている長政に対し不安を感じた官兵衛が、

「自分が泥をかぶって、息子を立てよう」

と思いきった方策をとったからである。企業としての黒田家の安泰と、同時に子を思う官兵衛の心がないまぜになって、成功させた。

しかし、この挙に出た官兵衛は、必ずしも重臣たちから愛想をつかされたわけで

はない。かれが死んだときに、寄せられた弔辞は、すべてかれを褒めたたえていた。まして、自分が泥をかぶったいきさつはその後漏れたので、余計に重臣たちを感動させていた。

ちなみに書いておけば、武田家の重臣たちを「二十四将」という。そして黒田家の重臣たちも「黒田二十四騎」と呼ぶ。二十四という数字には、どうも古代中国から伝わった縁起のいい意味合いがあるようだ。

歴史が教えてくれる「後継者の育て方」

こういうことを次々と知って、わたし自身、上杉鷹山についても、「後継者の育て方」について疑問を持つようになった。そしていまは、

・鷹山の後継者養成は、必ずしも成功していない。それは、かれ自身が積極的にそのことに努力しなかったからだ

と思っている。やはり隠居したときにはっきり全権を相続人に渡して、引き下がるべきだった。そして後見人として陰から、新しい藩主になった先代の実子をもり立てるべきだったろう。が、そうしなかったのは鷹山自身が、

「隠居前におこなった自分の改革が必ずしも成功していない」

という思いがあったからであろう。こんなことをいえば、

「あれだけ鷹山を讃美し、世の中に伝えておいて、自分の考えが変わったからといって、鷹山にケチをつけるのはおかしい」

という意見が出てくることは承知のうえだ。しかし鷹山を含め、一般論として、

「後継者の養成」

としてとらえれば、わたしはやはり鷹山のやり方は必ずしも正しいとはいいきれない心境になっているのだ。これはわたしの「歴史観」が変わったことを物語っているという一例だ。

こういうように、歴史上の人物に対しては、

・そのときの年齢

・社会的経験
・置かれている立場

などから、

「かつて考えていた歴史観と、ガラリと変わる」

ということもあるし、あってもいいということだ。

歴史的事実と歴史的真実

歴史観をやしなううえで、もう一つ、わたしが心掛けていることがある。

「不易流行」という言葉がある。元禄時代の俳聖・松尾芭蕉がいった言葉だ。

不易というのはどんな時代にも絶対に変わらない、あるいは変えてはいけない真実のことであり、流行というのはその時代にマッチした対応をいう。

芭蕉がこのことを俳論で告げたのは、

「現実に即した俳句を詠んでも、その現実に即した事実が、時を経れば、変わらない真実（不易）の中に溶け込む、ということがなければならない」

ということである。つまり、芭蕉は一貫して不易を重んじた。たとえ元禄の華やかな流行に乗った俳句をつくったとしても、それが後世になっても残り、不易の真実の中に、発展的解消をするようなものでなければならない、という戒めである。

これと同じように、歴史の中にも真実と事実がある。

事実は、その時々の状況に応じて生まれた事柄だ。しかし真実は時代を超える。したがって、自分の歴史観をやしなう過程においては、事実（史実といっていい）を重んずることはもちろん大事だが、それに振り回されて、不易的真実を見失うようなことがあってはならないと思う。

このへんの見定めが結構難しい。事実だけをとらえ（古文書や史跡）、それがあたかも真実であるかのごとく決めつけをするのは即断だ。

できるなら、この本を読む方々に望みたいのは〝歴史的真実〟を重んじ、〝歴史的事実〟は、その補完材料程度にとどめてほしいということだ。

芭蕉には「見えて」いた

例を挙げよう。

「不易流行」を唱えた松尾芭蕉は、元禄二（一六八九）年に有名な〝おくのほそ道〟を歩いた。数年後にこれを書物にした。しかし、これは必ずしも忠実な旅行日記ではない。

というのは、もともとこの旅の動機は、西行法師の〝歌枕〟を再発見しようという目的を持っていた。随行者がいた。門人の河合曽良《そら》である。曽良はこの旅の「随行日記」を記している。旅の事実を記録したものだ。

有名な話がある。それは奥羽地方の旅を終え日本海沿いに北陸路を目指して越後路を歩いていたときのことだ。越後の出雲崎《いずもざき》に来た。このとき芭蕉は有名な俳句を詠んでいる。

「荒海や佐渡に横たふ天の川」

である。しかしこのとき曽良の随行日記を見ると、出雲崎では雨が降り続き、日本海も晴天ではない。したがって事実をいえば、佐渡島の上空に天の川が見えるはずがない。同時に後世の天文学者からは、

「出雲崎から佐渡島を見て、天の川が横たわるように見えることはない」

といわれる。いってみれば、事実をもとにした検証で、いわば歴史的事実だ。

ところが芭蕉にははっきりと佐渡島に横たふ天の川が見えたのだ。なぜ見えたのか。それは芭蕉には曽良の持っていない〝芸術的真実〟があったからだ。見えるはずがない天の川が見えるというのが、やはり芭蕉のすぐれた芸術精神なのである。

この芸術精神によって見えた天の川の句を支持するか、それとも、

「雨天の日にそんなことはあり得ない」

と、曽良の事実を綴った「随行日記」を支持するかは、これまたその人の「歴史観」にかかわってくる。

できればこの本を読む方々には、芭蕉の「歴史的真実」を支持するような歴史観をやしなってほしいと個人的には思っている。

第三章

歴史が〝つながる〟面白さ
～人生で何を捨て、何を残すか

とっさの機転で村民を救った浜口梧陵

少し前の「東日本大震災（地震と津波）」を経験した人で、歴史が好きな人であれば、幕末の紀州（和歌山県）における浜口梧陵（一八二〇～一八八五）の防波堤建設という有名な史実を思い起こすかもしれない。

浜口梧陵は本名を儀兵衛といい、地域での醤油業者だった。本家から房総に進出して、現在のヤマサ醤油の経営者でもあった。したがって、千葉方面や江戸で活躍したが、後に和歌山に戻って後進の教育に力を入れた。

特にかれは「海防」に関心を持ち、自ら地域の青少年を組織して、列強の日本侵略に対する「防衛隊」をつくったことでも有名だ。

浜口梧陵が防波堤をつくった話は、わたしのような戦前派は、小学校の教科書でその逸事を学んだことがある。『稲むらの火』というタイトルだった。実際にあった話で、安政元（一八五四）年の大地震のときに起こった津波が背景になっている。

このころ、梧陵の地域では取り入れがすんだばかりで、刈り取った稲を束にして杭に掛け、農民たちは豊作を祝う祝賀の宴を開いていた。宴半ばで外に出た梧陵は、思わず目を見張った。海から黒山のような波が押し寄せてくるのが見えたからだ。

「津波だ！」

梧陵はこのことをすぐ酒を飲んでいる農民たちに知らせ、

「麓《ふもと》の住民に高い山へ逃げるように告げよう」

と命じたが、みなまごまごしている。そこで梧陵は津波の襲来を知らせるために刈ったばかりの稲むらに火をつけた。狼煙《のろし》代わりだ。とっさの機転で大切な稲に火をつけた梧陵の行動は、時宜《じぎ》を得た決断であった。こうして多くの村民が救われた。

梧陵は津波が去った後に、防潮の大切なことを感じ、自費を出して村人を動員し、巨大な堤防をつくりあげた。津波を防ぐためには、堤防を強固なものにする必要があるため二重にした。そして一重目の堤防と、二重目の堤防の間に、植林をしてさらに防御力を強めた。現在も保存されている。

勝海舟、嘉納治五郎へとつながる人脈

このことをきいて感動したのが、日本にいたラフカディオ・ハーン(小泉八雲)である。

ハーンはこの話を『ア・リビング・ゴッド(生き神様)』と題して発表した。そしてこれを読んだある教師が、当時文部省が募集していた小学校の国語の教科書に話を潤色《じゅんしょく》して応募し、採用された。これが『稲むらの火』となる。国定教科書に掲載された。わたしたちはそれを習った。

しかし浜口梧陵の活動はこれで終わらない。かれは醤油業者ではあったが、尊王の志士でもあった。幕末にはその面で活躍した。だから、幕末の事件や人物の歴史をひも解いていると、意外なところで浜口梧陵の名が出てくる。わたしが発見したのは勝海舟との関係だ。

勝海舟は若いころからオランダ学を熱心に勉強した。しかしかれの家は貧しい御

家人の身分だったので、本も思うように買えない。そこでかれはよく日本橋の本屋に行っては、立ち読みをした。店の人はそんな勝に感心し、立ち読みを別に咎めなかった。逆に茶を出して、

「勝さん、お茶をどうぞ」

などといった。勝は恐縮する。こんな光景を感動して見ていたのが、箱館（函館）の海商（貿易商人）渋田利右衛門だ。渋田は勝に感動し、研究費の応援をしただけでなく、

「書き物に使ってください」

と大量の紙を勝の貧乏屋敷へ持ち込んだ。この用紙は膨大な量で、明治維新後も勝はまだ使っていたという。

そしてこの渋田利右衛門が江戸で出会ったのが浜口梧陵である。梧陵もまたオランダ学を学び、オランダ医に教えを請うたこともある。

渋田から勝の話を聞いた梧陵も感動した。そして、渋田とともに若き日の勝に物心両面の支援を惜しまなかったという。

さらにいえば、後に勝が幕府に仕え、神戸に海軍操練所（日本最初の海軍兵学校）

を創立するときに、資金援助にも参加した。それだけでなく、梧陵はさらに灘の酒造業者である嘉納治兵衛という人物にも呼びかけて、

「勝先生に資金を提供してあげてくれ」

と頼んだ。嘉納はこれに応ずる。この嘉納の家から、後に日本柔道界の祖になる嘉納治五郎が出る。治五郎は後の東大の出身者だが、柔術に関心を持ち、それを自分なりに、

「柔術をもっと品格の高い〝道〟に高めよう」

と志し、〝柔道〟を創始した。

童門流〝イモヅル式〟歴史探究のススメ

こういうように、「災害」という一事件を取り上げても、これに関与した人物の活躍をさらにたどってゆけば、勝海舟に及び、勝と神戸の海軍操練所といえば、当然坂本龍馬に及んでゆく。これをわたしは、

「イモヅル式の歴史探究」

と名づけている。そしてこの方法は、各個人それぞれの自由な連想によって発展

する。わたし自身はこの〝イモヅル式〟の歴史探究が一番楽しい。自分の歴史観を磨く、もっとも効果のある勉強法だと思っている。

それだけにこの〝イモヅル式の歴史探究〟をおこなうのには、それなりの準備がいる。準備というのは、ここまで至るためには、単に浜口梧陵の伝記だけを調べてもダメだということだ。それは、

「浜口梧陵が生きた時代の通史」

がまず必要だろう。それも「和歌山県の歴史」をもとにして、「当時の幕末の通史」を読むことも大切だ。通史は人物も出てくるが、その人物が起こす事件が主になっている。そうなるとその事件を主導した人物の歴史も別にたどらなければならない。

その意味合いでわたしが土台にしている資料は、山川出版社の「県の歴史」シリーズと「県の歴史散歩」シリーズだ。そして、「県の歴史」で目をとめた事件と人物については、今度は個別にその事件や歴史について書かれた本を探す。それも、その事件が起こった地域の郷土史家が書かれたものに学ぶことが多い。

またわたしは、地域について触れる文章を書くときは、必ず現地を訪ねる。そこは、開発が進んでいて昔の史跡がほとんど姿を消していることもあるし、往年おこ

なわれた市町村合併などによって、地域の名前がすっかり変わってしまった場合もある。

それでも、実際にその地を訪れることで、自分の目で地域の有様を確認することができ、歴史を肌で感じることができるからだ。

歴史は〝捨てる〟ことで見えてくる

しかし、ここで提唱している〝イモヅル式の歴史探究〟は、はっきりいって、〝カネと時間〟がかかる。つまりコストがかかる。

その意味で、すべての人におすすめすることはできないが、ただ一ついえることがある。それは、こういう、

「カネと時間を節約するために、対象をしだいに絞ってゆく」

ということだ。これもまた自分の歴史観をやしなううえで、非常に大事なことだ。

はっきりいえば、

「自分が関心を持つ対象を絞り込む」

ということ。絞り込むというのは、

「多くの対象の中からいくつかを選び取る」

ということであり、同時にそのことは、

「対象のかなりの部分を捨てる」

ということでもある。

この取捨は自分の歴史観をやしなううえにおいて、大きな決断になる。つまり〝何を残し、何を捨てるか〟という基準の設定こそが、その人の歴史観そのものだからだ。その意味で、

「拾う喜びと、捨てる苦しみ」

を同時に味わうということになる。これは人生観において、

「人間というのは、それほど多くのことはできない」

という実感を持つことにもつながってゆく。歴史を掘る対象も、人物なら限られた人数になり、事件にしても何もかもというわけにはいかない。

しかもそれは、ある一点に静止するものではなく、常に流動する。生きているわたしたち自身が、次々と起こる社会現象の真っ只中に生きて、その渦に巻き込まれながら、必死に生き残る術を探し、理念を追求するからだ。

ということは、前述したように、自分の歴史観も不動のものではなく、やはりその時々によって変わり得る性格を持っている、ということだ。

そしてこの作業は「これで終わりだ」とか、「このへんでいいだろう」というものではない。永遠に続く作業である。そうなると、

「自分の歴史観はこれで完成した」

といえる日は来ないかもしれない。

これは、過去の干物だと思われている歴史が、やはり生きているからだ。干物や冷凍物である歴史という過去を、実際には〝生体解剖〟しているからである。生きた対象としてメスを振るっているのだ。このへんがまた歴史の面白さだろう。

その時代の「主権」はだれにあったか

歴史を〝生体解剖〟してメスを振るうときに、もう一つ、わかりやすい見方がある。それは、

「その時代の主権は一体だれにあったのか」

というモノサシを当ててみることである。主権というのは、難しくいえば、

「国家を統治する最高の独立権力」

のことで、

「国の統治権や国権」

のことをいう。あるいは、

「国家の政治上の最終的な意思決定をする権利」

ともいう。しかし歴史を勉強する立場から考えれば、もっとわかりやすく、

「そのときの政治は一体だれがおこない、だれのためにおこなわれていたのか」

と考えたほうがわかりやすかろう。つまり、ある人物が活躍したり、大きな出来事があった時代の政治はそもそも、

「だれの利益のためにおこなわれていたのか」

という考え方である。天皇と皇族のためなのか、あるいは公家たちのためなのか、武士層のためなのか、あるいは一般国民層のためなのか、という区分である。

現在は憲法によって「主権在民」といわれる。つまり、

「日本国の主権者は国民である」

というものだ。が、一九四五年八月十五日の敗戦を経験する前は、必ずしもそう

ではなかった。

これは日本の歴史を一瞥《いちべつ》しても、天皇のための政治が、藤原氏一族という公家層に移り、これが長く続いた。そしてやがては、公家のイヌのように扱われてきた武士が台頭し、平清盛によって武士政権が確立する。

そして、平氏から源氏に政権が移り、さらに北条氏、足利氏と続いて、以後徳川氏の幕府政治が終了する明治維新まで、武家政治が続く。つまり時代の主権者は武士だった。

この武士の主権時代でも、特に地方においては「下克上」という現象が起こり、「下が上を克える」という状況が生じた。だから主権の存在一つとっても、時代によっても違うし、中央と地方、また地方でも地域によって違う。だから余計に、「そのとき、その場における政治は、一体だれの利益のためにおこなわれていたのか」というモノサシを当てることが、一番わかりやすい。

高杉晋作の「奇兵隊」の歴史的意義

「主権の移動」についていえば、上杉鷹山の「伝国の辞」における、

「大名や城の家臣のために人民は存在しているのではない。むしろ人民のために、殿様や役人が存在しているのだ」（意訳）

という言葉が有名だ。

これは一七八五年ごろの発言だから、まだ世界的に「人権問題」が課題になっていたわけではなく、特に「主権」に至るまでにはまだ年月がかかった。その意味で鷹山のこの発言は歴史的意義がある。

幕末に、この「主権の移動」という視座から歴史的事件を眺めてみると、面白い現象がある。

それは長州藩における高杉晋作の「奇兵隊の創設」であり、同時期の京都における「新撰組の誕生」である。

高杉晋作の「奇兵隊の創設」は、外圧に対する長州藩の防衛力の一端として編成されたものだが、入隊者の資格はまったく問わなかった。武士だけでなく、農民・モノづくり職人・お坊さん・力士・漁民・猟師など多彩な身分の者が入隊した。

これは高杉晋作による「長州藩における身分解放」といっていい。当時は士農工商の身分制がやかましいうえに、武士の中でも階級制があった。高杉にすれば、

「こんな形式によって、人間の能力を抑圧するのは間違いだ」

という考えがあったのだろう。

しかしこれには前史がある。

それは天保年間に長州藩では大規模な農民一揆が起こった。まさに嵐のように吹き荒れた一揆で、藩内の各代官も手を焼いた。結局代官たちは額を集めて相談し、一揆の要望書を吟味した。結果、代官たちはそれぞれ、

「一揆の要求には正当性があるのではないか」

と判断した。そこでかれらは合意文書として「覚《おぼえ》」をつくり、一揆に示した。意訳する。

一、みんなが腹を立てるのはもっともだ
一、殿様もみんなを気の毒に思っている
一、だから、早々にしずまってほしい

これは明らかに権力側の全面的な屈伏だ。つまり農民一揆の正当性を認め、要求

を全部通したのだ。しかも、

「みんなが腹を立てるのは無理もない。殿様も気の毒がっている」

という表現は、代官たちにすれば屈辱このうえないことであったろう。しかし農民の力（主権）は、そこまで来ていたのである。これが高杉の「奇兵隊」に発展する。

それは毛利元就に端を発する

さらに長州藩に限っていえば、そのまた前史がある。だから「長州藩における主権の問題」と置き換えてもいいだろう。

それが、毛利元就の〝カラカサ連合〟である。

安芸国（広島県）の一豪族の出身である元就は、この地方の農民が一揆を組むときに活用した〝カラカサ連合〟に目を着けた。カラカサ連合というのは、農民が一揆を起こしたときに連判状をつくる。多くが役職者順に名を書く。しかし一揆が成功した場合（つまり、権力側が一揆の要求をのんだ場合）も、連判状の先頭のほうに書かれた役職者は、見せしめのために磔《はりつけ》になる。農民はこの状況を見て悩んだ。

「われわれの要求を先頭に立って実現してくださったのに、その身は不届きだといって礫になってしまう。何とかできないだろうか」

と額を集めて合議した。結局、

「だれが先でだれが後だかわからないような連判状にすべきだ」

という意見が起こり、

「カラカサに名を書くようにしたらどうだろう」

という知恵が浮かんだ。円形状に名を書くということだ。円形だからどこが先でどこが終わりだかわからない。元就はこれを利用した。そして地域の地侍や郷士たちに相談し、現在でいえば、「地方自治体（市町村）の一部事務組合」的なものを組織した。


これは小規模な村や町では処理できない消防、災害対策、大規模な開発、水利権や山の入会権の処理、現代でいえばゴミ処理なども含めて、いくつかの自治体が協同で分担金を出し合って処理する方式である。

しかし元就の意図はさらに発展していった。それは当時、中国地方の西方に大内氏、日本海側の山陰に尼子氏という大勢力が存在した。これらの大勢力は、しきりに地侍や小豪族の制圧を図った。いまでいう「M&A（合併あるいは買収）」である。

小豪族は単独ではこれに抵抗しきれない。しだいに大きな渦の中にのみ込まれていく。

元就が〝カラカサ連合〟を利用したのは、この防止策である。そしてついに元就のカラカサ連合は逆襲に出た。やがては元就の指揮の下に地域の小豪族や地侍たち連合軍が集結して、大内氏や尼子氏を滅ぼしてしまう。

こうして元就は、現在の広島県・山口県・島根県・鳥取県・岡山県・兵庫県の大部分・北九州・四国の瀬戸内海側など広大な地域に、いってみれば〝毛利ゾーン（圏）〟を築いた。

これを見ても、高杉晋作の「奇兵隊創設」や、長州藩における幕末の農民一揆に対する代官側の「覚」は、家祖の元就のつくった〝カラカサ連合〟に、そのルーツがあると見てもいいだろう。代官たちが合意した、

「みんなが腹を立てるのはもっともだ」

という言い方には、明らかに徴税する側の面影が消えて、

「納税者としての農民を重んずる態度」

がはっきりあらわれている。農民側がイニシアチブを取ったということは、それ

だけ主権が農民側に移っていたということだ。

もちろん、だからといって、長州藩や高杉晋作がいまでいうような、「民主主義的な考え」を持っていたかどうかは疑問だ。江戸時代は農民を、「年貢を担う重要な存在」と財政的観点から扱っていたことは確かだ。だからこそ身分制においても二番目にランクするような扱いをした。その人権を重んじたということではない。

ただ、長州藩における歴史をたどってみると、元就以来の伝統があったことは確かである。

「新撰組」と「奇兵隊」が共有したもの

高杉晋作が奇兵隊を創設したのは文久三(一八六三)年の六月五日のことである。おなじ文久三年の二月から四月にかけて、京都では新撰組が誕生した。近藤勇たちが編成したものである。やがて秩序を保つために「法度《はっと》(掟)」が出された。その第一条に、

「士道ニ背キマジキ事」

というのがある。これは単純に読めば、

「武士道に背くな」

ということだが、これを最後の、

「この法度を犯した者は切腹させる」

という罰則と照らし合わせて考えると、興味深いことが想起される。それはこの法度もまた新撰組が、

「身分解放」

をおこなっていたといえるからだ。新撰組は前身の詮索をしない。入隊したい者はだれでも一応の試験を受ければ入れた。それだけ近藤たちは勢力拡大を願っていた。が、近藤はこう考える。

・新撰組は前歴を問わずに、一定の条件を備えていれば入隊させる
・一旦入隊した以上は、前歴がどんな身分であろうと武士として扱う
・したがって、京都の治安を維持するためにも新撰組隊士は、武士として市民の模

範になるような行動をとらなければならない
・もしこの掟に反したときは、切腹という厳罰を科する。それは、武士らしくない振る舞いをした者は、みずからその身分を放棄し、責任を放棄したことになるからだ

という論理を立てた。前歴を問わずに入隊させ、すべて武士として扱うということは、当時における、

「ランク・アップ（身分向上）」

といっていい。しかし一旦そうした以上、近藤たちは、

「武士としての責任を持て」

ということなのである。前歴が商人であろうと漁民であろうと農民であろうとそんなことはどうでもいい。が、志を立てて隊に入った以上、武士になったのだ。いままでとは違う。そうであれば、京都市民が範とするような行動姿勢を保つことが必要だ。それに背き、まして破廉恥《はれんち》罪を犯したときは潔く武士としての責任を取れ、ということなのだ。これが新撰組における秩序維持の鉄則だった。

民衆たちの切なる願いが引き起こした共時性

近藤の思いきったこの扱いは、幕末においてすでに四民平等の観念を実行し、実際にそれを浪人集団であった近藤たちが実現したということだ。多いときは三百人ぐらいいたというから、これは当時において、

「小さな大名家を出現させた」

といっていい。忠臣蔵事件で、播州赤穂《ばんしゅうあこう》の城主だった浅野家がつぶれたときに、石高は五万三千石、抱えていた藩士の数が三百数十人だったというから、近藤は幕末の京都で突然変異的に、

「四万石か五万石の大名家を出現させた」

ということになる。そして、高杉の場合には長州藩という一つの地方行政地域における事業だったが、近藤の場合にはまったくどこの出身かわからないような連中を集めて組織体を出現させたのだから、その苦労は高杉より大きかったといえる。

しかしこれは幕末に生じた、

「主権の移動」

を示すものであって、しかもそれが文久三年のおなじ時期に京都と本州の西端において同時発生したということは、偶然の一致としても興味深い現象である。

さらに明治時代に土佐で自由民権運動が起こった。しかし、これは土佐だけでなく、東京の多摩でも起こっている。

たとえば、北村透谷の文学を通じての活動や、後に発見される「五日市憲法」（大日本帝国憲法制定以前に、東京の多摩地方の五日市町〈現・あきる野市〉の民権運動家によって起草されていたとされる私擬憲法。民権意識の高い憲法草案だった）などだ。北村を支持したのは、近藤勇や土方《ひじかた》歳三を支援した多摩の豪農たちである。

多摩は新撰組の出生地だ。時空間を飛躍した言い方をすれば、わたしは、「多摩の自由民権運動の底には、新撰組における近藤たちの身分解放運動が据えられている」

という広がりで考えている。これは歴史的に立証された考え方ではないが、わたし自身は、この京都からの身分解放運動の発展過程に深い関心を持っている。これは明治維新という政治事件に託した、せつない民衆たちの願いが結晶したものだと考えているからだ。

第四章　リーダーの見えない努力
～〝情〟と〝非情〟のさじ加減

秀吉のリーダーシップの根底にある〝確固たる認識〟

歴史をいまに生かすという点で、普遍的なテーマはやはり、

「リーダーシップ」

についての参考例だろう。一番親しみやすいし、また身近な問題だ。そこで本章では、

「歴史におけるリーダーシップ」

について考えてみたいと思う。

リーダーシップの取り方で、わたしがいまだに「うまいな」と唸《うな》り続けているのが、

豊臣秀吉がまだ木下藤吉郎の時代におこなった数々の事例である。

奇《く》しくもいまの愛知県から三人の天下人が生まれた。織田信長・豊臣秀吉・徳川家康の三人だ。

組織には必ずトップ・ミドル・ローの三層があって、上から経営者・管理職・一般従事者の階層に分かれる。

信長と家康ははじめからトップ層の家に生まれた。秀吉だけがロー層からスタートした。そして秀吉は、このロー層・ミドル層を経てトップ層にのし上がった。早くいえば、組織を形づくる「全階層」を経験したといえる。したがって、「部下の気持ちによく通じ、何を求めているかを理解している」立場だったといっていい。この点ではある意味で、信長や家康よりも幸運だった。

しかしだからといって秀吉は、よくいわれるように単なる〝人たらし〟ではない。かれはかれなりに一種の合理性のある考え方を持っていた。その考え方というのは、「仕事はあくまでも組織でおこなうものだ」

という理念だ。秀吉のリーダーシップの取り方は木下藤吉郎時代から、

・組織において個人芸は認めない
・全体がチームワークを生んで、組織として行動する
・それは、組織というのは個人の目的を達成するものではなく、組織の目的を達成するものだ

という確固たる認識があった。

部下のモチベーションアップの仕掛け

秀吉のリーダーシップを示す事例に、「台風で壊れた清洲城の塀の修理」と「長短槍《やり》の試合」などがある。個別にかれのリーダーシップの発揮ぶりを検証してみたいと思う。

まず「台風で壊れた清洲城の塀の修理」の逸話から検証してみよう。

織田信長は、壊れた清洲城の塀修理を普請奉行に命じた。が、幾日経っても塀は元へ戻らない。信長はキレた。そこで近ごろメキメキ頭角をあらわしてきた木下藤吉郎を、臨時の普請奉行に任じ、塀をただちに修理せよと命じた。

命令を受けた藤吉郎は現場に行ってみた。従事する働き手がみんなのんびりと座り込み、無駄話をしている。

「どうした？　塀は直ったか」

ときくと、工事人たちは首を横に振る。そして、

「御奉行が別に急がなくていいというので、のんびり仕事をしていますよ」

と応じた。やる気のないこと甚だしい。藤吉郎は考えた。かれは前々から、

「織田家の仕事は、チームワークよく組織でおこなわなければダメだ。個人個人がいくら能力があっても、それが個人の段階で終わっているようでは、結局織田家は発展しない」

と思っている。いまでいう〝個人の能力の相乗〟だ。能力の掛け算であり、足し算ではない。それにはまず、

「なぜ塀の修理を急ぐのか」

という目的を全員に周知することが大事だ。藤吉郎はこういった。

「塀の周囲を急がないと、敵が攻めてくる。そのときは、おまえたちの家族もみんな殺されてしまう。だから塀の修理は急ぐ必要があるのだ」

みんな藤吉郎を見た。そして互いに顔を見合わせた。藤吉郎がいった、

「塀をこのままにしておくと、自分たちだけでなく家族も敵に殺される」

という危機意識がはじめて工事人たちの胸に湧いたのである。藤吉郎は敏感に自分の言葉の手応えを知った。そこで、

「わしは新しく臨時の普請奉行を命ぜられた。塀の修理の監督をする。そこで考えたのだが、このまま全員が無計画に仕事をしていても塀の修理は進まない。どうだろう？　壊れた箇所を十箇所に区分する。そして、一組ずつ分けた場所を分担するのだ。一組十人としよう。だれとだれがどの組に入るのかは、おまえたちで相談しろ。おまえたちの中でも、互いに好きだったり、嫌いだったりする奴がいるだろう。嫌いな者同士が同じ組に入っても仕事は捗《はかど》らない。喧嘩ばかりするからな。この方法でやってみないか」

と持ちかけた。そしてさらに、

「一番早く修理を終えた組には信長様から褒美を貰ってやるぞ」

と付け加えた。わっと歓声があがった。藤吉郎の、

「嫌いな者同士が同じ組に入っても喧嘩ばかりして仕事が進まない」

という言い方がおかしかったし、また最後の、

「一番最初に工事を仕上げた組には、信長様から褒美を貰ってやる」

という言葉が効いたのである。信長はこんな細かいところまで顔は出さない。したがって工事人たちにとって信長というのは、雲の上の存在だった。工事人たちはいまの藤吉郎の実力を知っている。草履取《ぞうり》りから身を起こして近ごろはメキメキ頭角をあらわしている。工事人たちも、

「木下様は、やがてご重役になるだろう」

と噂をしていた。その藤吉郎が請け負うのだからウソではあるまい。期待の念が湧いた。藤吉郎はいうだけいうと、

「今晩は酒を振る舞ってやるから、みんな家に戻って寝ろ。仕事は明日からでいい」

と告げた。そして約束どおり酒を配ると、かれ自身も家に戻ってしまった。

なぜ予想外の成果をもたらしたのか

ところが、夜中になって工事現場で人声や物音がする。藤吉郎は見にいった。工事人たちがいっせいに働いていた。賑やかだ。やがて、

「修理が終わったぞ！　われわれの組が一番だ！」

と大声があがった。藤吉郎はびっくりした。

工事人たちにすれば、藤吉郎によって「塀修理の目的」をきちんと示された。しかも工事はチームワークでおこない、一番早く仕上がったところには、信長様から褒美が出る、ということがかれらの意欲を掻き立て、さらに修復工事の進捗に拍車をかけたのである。

藤吉郎は徹夜で工事を監督した。翌朝になると完全に塀は直った。藤吉郎は信長のところに行って、

「塀が直りました。ご自身の目でご覧ください」

と工事現場に連れ出してきた。信長は目を見張った。

「藤吉郎、さすがだ」

と褒めた。藤吉郎は、

「わたくしが直したわけではありません。ここにいる工事人たちの手柄です。一番最初に仕上げた組に褒美を出してください」

といった。信長は大きく頷き、

「一番早く終えたところだけではない。全員に褒美を出そう」

といった。これが工事人たちに伝わり、いっせいに歓声が沸いた。しかしかれらが評価したのは信長ではない。藤吉郎の才覚に対してである。

「長短槍の試合」に見る目的の共有化

「長短槍の試合」になると、このことがもっとはっきりする。あるとき、織田信長が部下に向かって、

「戦場で使う槍は、長いのが有利か、それとも短いのが有利か」

ときいた。専門家である槍奉行の上島主水《もんど》は、

「それはいうまでもなく短い槍のほうが有利です」

といって、その理由を次のように述べた。

・長いと、扱いが面倒になる

・敵を突いた後も、引き抜くのが容易ではない。まごまごしていると他の敵に殺されてしまう

「したがって、槍は短いほうが有利です」

と答えたのである。信長は満足しない。席に木下藤吉郎がいるのが見えた。そこで、

「サル（藤吉郎のあだ名）、おまえは何かといえば反対意見を唱える。他人が赤といえば白という。槍は短いほうが有利か」

藤吉郎はしゃあしゃあとして、

「いや、長いほうが有利でしょう」

と応じた。信長は苦笑した。そして、

「おれは理屈は嫌いだ。上島とサルが実行してみろ。それぞれ、五十人の足軽を貸してやる。上島のほうは短い槍、サルのほうは長い槍。三日後にこの城の広場で試合をしろ。結果がわかる」

と信長らしい合理的な命令を下した。命令を受けた上島主水は、すぐ足軽たちに槍の技術を教えた。三日間しかないからあせる。しかし急なことで何がなんだかわからない足軽たちは、面倒くさがって稽古に身を入れない。上島は苛立ち、体罰

を加えながら厳しい修練を続けた。上島主水に属する足軽たちは、みんな嫌気が差してしまった。三日目になると、

「上島さんはひどいな。癪《しゃく》にさわるから、明日は木下隊に負けようじゃないか」

などといいだす者さえ出る始末だった。

これに対し藤吉郎はいきなり修練には入らなかった。かれは、

「全員が、いまなぜ槍の試合をするのか、ということを理解しなければ、いくら槍の技術を教えてもダメだ」

と思っていたからである。そこで五十人に、

「みんなおれの家へ来い。狭いけれども酒を飲もう。槍の稽古はそれからだ」

といった。みんな喜んだ。酒を振る舞いながら、藤吉郎は、

「いまなぜ槍の稽古をするのか」

という話をした。それは、
・信長様は、一日も早く、この戦国時代を終わらせようとお考えになっている
・しかし、いまのように合戦も刀や槍を振り回して個人戦を続けていては、いつま

で経っても終わらない
・早く終わらせるためには新しい武器が必要だ。信長様はそれを鉄砲だと考え、大量にいま、お買いになっている
・近く、武田軍と大合戦が起こる。そのときに信長様は鉄砲をお使いになるつもりだ
・その鉄砲を扱うのはおまえたち（ヒラ）だ。おれたち（管理職）ではない
・鉄砲は飛び道具といわれるような危険な武器だ。だから、お互いに心を合わせて、味方を撃つような真似をしない心構えが必要だ
・おれは、そのために槍の訓練をおこなうのだと考えている

このように理由をわかりやすく告げられて、足軽たちは納得した。しかも酒まで振る舞われた。みんな、その酒代は藤吉郎が身銭を切ったことを知っている。そこで、

「木下様のためにも、おれたちは槍の試合に勝たなければダメだ」

と互いに頷き合っていた。しかも、

「こんな忙しいときに、なぜいま、槍の試合をするのか」

という理由を、木下藤吉郎は懇切丁寧に教えてくれた。その中には、所属する織田家の未来志向まで示されている。塀普請のときに、

「塀をこのままにしておくと、おまえたちだけでなく家族まで敵に殺される」

といわれたのと同じ論法だ。今度はもっと大きい。

「一日も早く戦国時代を終わらせるきっかけにするのだ」

というのは、足軽たちにも身に染みた。

このときの稽古風景は伝承として有名な話だ。藤吉郎は五十人の足軽を三隊に分けた。そして一隊ごとにやることを分担させた。

・第一列目は、長い槍を振り回して敵の足を払う。つまり転がしてしまう

・それが成功したら、一列目は後ろへ下がり二列目が前に出る

・二列目は転がっている上島方の足軽の頭をぶん殴る。叩きのめす。そして後ろへ退《さ》がる

・三列目は、最後のとどめをさすために敵ののどなどを突いて仕上げをおこなう

こういうことだった。みんな喜んだ。藤吉郎はこの三隊に分け、それぞれ仕事を分担させることによって、

「仕事は組織でおこなうもの。そしてそれにはチームワークが必要だ」

ということを難しい理屈などを何もいわずに教え込んだ。

その理念を、日々の仕事にどう落とし込むか

広場でおこなわれた試合はもちろん藤吉郎側の完勝だった。そして、このことが後の武田勝頼軍との遭遇戦である〝長篠の合戦〟で活用される。信長が発想した有名な、

「銃の三段撃ち」

だ。最近は、この三段撃ちの史実にも疑問が持たれているが、伝承に従っておく。

三千の足軽鉄砲隊は、三列に分かれた。先頭にはすでに弾を込めた一列目が配置され、発射する。そして弾込めのために後ろへ退がる。二列目が前に出て発射する。発射後すぐ後ろへ退がる。弾込めにかかる。三列目が出て仕上げをする。

こういう繰り返しをおこなえば、当時一発しか撃てなかった鉄砲が三連発銃のよ

うになる。その根底にあるのは、

「信長様は、一日も早く戦国時代の合戦状況を終わらせたい、と願っておられる」

という理念だ。信長が次々と合戦を合理化し、あるいは新しい武器を導入したのは、けっして戦争好きのためでもなければ、あるいは戦争に勝って単に領土を拡大したい、などという野心からではない。日本全体から合戦色を完全に払拭したいがためであった。それがかれの天下事業なのである。

足軽たちもその限りにおいては、信長のこの目的を自分たちのこととして考えた。つまり、

「一日も早く安定した国に住んで、貧しいながらも家族と一緒に平和に暮らしたい」

という願いを、それぞれが持っていたからである。それを察知し、自分の身近な部下たちに伝えた木下藤吉郎の才覚と、新しいリーダーシップは見事だった。というのは、藤吉郎自身も、

「一日も早く、安定した暮らしを送りたい」

と切実な願いを持っていたからだ。藤吉郎にすれば、信長の理念を他人事ではなく〝わが事〟とし、信長の目的を「トップのお考えになること」としてではなく、

これもまた〝わが事〟として考え、部下の足軽たちに周知徹底したのであった。

これを見ても、歴史における事例はけっして遠い昔にさかのぼる冷凍物や干物ではなく、現代の職場など身近なところにごろごろ転がっていそうな話だ。そういう意味でも、

「歴史は現実にいまも生きている」

といえるのだ。

幕末の日露交渉に見るリーダーシップ

藤吉郎がリーダーシップを発揮して難しい局面を打開したのは戦国時代のことだが、同じようなギリギリの状況下で、外交問題を成功させた例がある。

それは、幕末におけるロシア特命全権大使プチャーチン中将と、日本側の外交責任者であった勘定奉行（大蔵大臣）の川路聖謨《かわじとしあきら》の交渉だ。

プチャーチンは、アメリカと同じように日本と和親条約を結びたくて、一八五三年に日本にやって来たのだが、このときすでに貿易を話題にしている。さらに、北方領土の問題もテーマにした。

領土交渉については最初はまとまらなかった。日本側も北方領土についての領有権を主張し、ロシア側も負けずにいい返す。つまりロシア領だと突っ張る。

しかし、こういう問題は常に平行線だ。つまりどちら側の説を受け入れるか、ということだからだ。つまりAかBかという二者択一になる。

このとき、事件が起こった。それは安政元年の大津波が、下田方面にも押し寄せたことだ。そのため、プチャーチンたちが乗ってきたディアナ号という帆船《はんせん》が大破損し、乗れなくなった。

このとき、機敏に動いたのが川路聖謨である。かれは戸田方面に船大工を大勢集め、傷んだディアナ号の修理を命じた。しかし一旦修理したディアナ号も、海に出るとそのまま沈没してしまった。損傷が大きく修理のしようがなかったのである。

そこで川路は、

「新しく帆船をつくろう。日本人の手で外国船をつくるのだから、おまえたちもそのつもりでしっかり気を入れて仕事をしろ」

そう告げた。そしてさらに、

「船の設計をするのはロシア人だから、この機会に向こうの船のつくり方を学べ」と命じた。学べというのは体《てい》のいい言い方で、実際には技術を盗めということである。船大工たちは笑いつつも、川路の命令に従った。

この新船建造がロシア側の心証を甚だしく良くした。プチャーチンは誠実で温厚な人柄だったから、川路の処置に感動した。そのため、交渉はその後はかなり日本側の主張を取り入れ、ロシア側が譲歩した。そして安政元年十二月二十一日（一八五五年二月七日）に条約書交換の儀式がおこなわれた。

二者択一ではない〝第三の考え方〟

この日用意された条文は日本語文・漢文・オランダ語文などであった。プチャーチンはオランダ語の条約に署名した。日本側全権の筒井政憲と川路は日本語の条約に署名した。いずれの文章にも関わりを持つ通訳も同席した。

条約内容については省略する。しかし、一番問題になった領土問題については、「AかBかの二者択一」ではなく、「第三の考え方」が如実にあらわれているので、次に紹介しておく。

「今より後、日本国と魯西亜《ロシア》国との境（国境）、エトロフ島とウルップ島との間にあるべし、エトロフ全島は日本に属し、ウルップ全島、夫《それ》より北の方クリル諸島は魯西亜に属す。カラフト島に至りては日本国と魯西亜国との間に於て、界を分たず、是迄仕来《しきたり》の通たるべし」

というものだ。〝第三の道〟と書いたのは、文中にある、

「界を分たず」

という考え方である。これは別な言い方をすれば、

「どっちの国にも属さない」

ということだ。伝えられるところでは、サハリンにはすでに日本人（アイヌを含む）・ロシア人・黒竜江沿岸の住人・中国人・満州人・朝鮮人などが群居しているので、住んでいる人びとが不便を感じ「どこかの国に属したい」といいだしたときに、改めて協議しようという考えだ。問題の先延ばしといえばいえるだろうが、しかしこれも、熱くなっている状況下で、

「AかBか」

という論争を続けるよりも、しばらく冷却期間を置いてこの問題を凍結しよう、

という解釈もできる。そしてこの場合における〝第三の道〟というのは、既存のAとBを否定するわけではない。逆にのみ込んでしまおうということだ。つまりAとBを第三の考えの中に発展的に包含させるということだ。

このことで思い出すのが、幕末における薩摩藩と長州藩のいわゆる〝薩長連合〟だ。あのときも、薩摩藩と長州藩は過去の経緯から、絶対に譲り合わなかった。それを坂本龍馬が仲介して、薩摩説と長州説をそのまま含む第三の道、すなわち〝両者が溶け合ってしまう〟という方法を考え出した。

これも明らかに二者択一ではなく、新しく別な考えを打ち立て、その新しい考えの中に両論を溶け込ませるという広く深い思考方法である。

ピンチのときに器が問われる

この〝第三の考え〟をさらに歴史の中に求めてみると、戦国末期に生きた名将蒲生《がもう》氏郷《うじさと》の、「地名変更」にまつわる逸話にも見ることができる。

蒲生氏郷は近江（滋賀県）日野城の城主だった。父の賢秀《かたひで》が先見性に富んだ武将で、それまでは近江国を長年支配してきた源氏の佐々木氏に仕えていたが、

「氏郷よ、これからの天下は織田信長のものになるぞ」

と、その予見力を伝えた。伝えただけでなく、すぐ行動に移す賢秀は、その気持ちを示すための証として、自分の息子氏郷を岐阜城（信長の居城）へ送った。人質として差し出したのだ。

信長が死んだ後、氏郷は秀吉に警戒された。というのは、氏郷の妻は信長の娘だったからだ。

秀吉によって氏郷は、日野城から伊勢の四五百《よいほ》という地に移された。明らかに氏郷を天下人争いから遠ざけよう、という策略だ。

しかし氏郷はそれに乗った。そのため、乗り込んでいった氏郷側の人間（日野商人）と、現地の人間（伊勢商人）との間に軋轢《あつれき》が起こる。

この争いは凄まじかった。戦国時代も、江戸時代と同じで領主が移動するときに商人の移動は認められても、農民はそのまま旧地に残される。移動した商人は当然新しい土地において客の獲得や、自分たちの商法を展開する。

現地の商人にとっては得意先を奪われるのだから、たまったものではない。当然いろいろな争いが起こる。この状況を見て氏郷は悩んだ。かれにとっても、日野城

からの移転ははじめてのことだったからだ。そしてもう一つの厄介事は、氏郷の四五百への移転を部下たちが、

「殿は左遷された」

と受け止めていたことである。動揺が起こっている。こういうことには部下は敏感だ。調子のいいときはモラール（やる気）を遺憾なく発揮するが、一旦左遷だとか改易だとかがおこなわれるといっぺんに落ち込んでしまう。

氏郷にすれば、こういう部下たちがモラールダウンせず、さらにアップするように仕向けることと、現地の商人たちから抵抗を受けている日野の商人たちをどう救済するか、という二つの難問があった。細かいことは省くが、この危機を氏郷は、

「地名変更」

という手段によって乗りきった。具体的にいえば「四五百」という地名を突然「松坂（松阪に変わるのは明治維新後）」に変更したことである。

「なぜ、地名を変えるのですか」

と部下が尋ねた。氏郷はこう告げた。

「昔から、新しい酒は新しい皮（革）袋に盛る、という言葉がある。松坂という地

名は新しい皮（革）袋だ。したがってそこに盛られる酒、すなわちおまえたちは古い酒から新しい酒に自分を変えなければならない」

この意識改革は現代でも通用する。そして、氏郷が左遷されてもけっしてへこむことがなかったのは、

「そんなことをすれば、部下も一緒に落ち込んでしまう」

という考えがあったからである。現在でも左遷されると、そのリーダーは落ち込んで、部下に当たり散らす。

しかし、行った先が地方だとすれば、現地採用の社員もいる。新しい支店長が落ち込んで、左遷だ左遷だと不平をいい、仕事も常に本社のほうを見続けて、機会さえあればもう一度本社に戻りたいと念願する。

そのために、支店の仕事はそっちのけで、本社の気受けをよくしようとばかり努力する。そんな支店長を特に現地採用の社員はどう見るだろうか。氏郷のやった例はこういう現況に対しても大いに参考になるはずだ。

左遷をチャンスに変えたリーダーの本領

その後、氏郷は松坂からさらに東北の会津へ移動させられる。これも秀吉の人事だ。このときの秀吉は、

「報酬を増やして、本社から遠ざける」

という方法をとった。しかし会津にも四五百で味わったのと同じような状況が展開していた。

氏郷は松坂の経験で成功したので、これを会津にも採用した。行った先は会津黒川だ。黒川という地名を氏郷は「若松」とあらためた。黒川商人と松坂から行った商人たちは溶け合った。城に勤める武士に対しても、

「これからはおまえたちは日野でも松坂の武士でもない。会津若松の武士なのだ」

と告げた。これによって、会津黒川の商人も松坂から行った旧伊勢商人・日野商人の合体も、そのまま会津若松商人と名を変えた。

このとき氏郷は二つの興味深いことをおこなっている。一つは会津地方にみやげ物として、日野の漆の塗り物を持っていったことだ。木工品である。会津のモノづくり職人たちはこれを新しい木工品に変えた。氏郷はこの新しい木工品に「会津塗」

という名称を与えた。「もとは日野椀《わん》なのだ」とはけっしていわなかった。

「主従の信頼」はこうして生まれる

もう一つは、秀吉が石高を大いに増やしてくれたので、氏郷は日野以来の家臣にはじめて、

「いままでの功績に報いたい。自分の立てた手柄を紙に書いて申告せよ。同時に、この手柄にはこのくらいの石高が適当だという給与額もあわせて書け」

と告げた。部下たちは喜んだ。日野城にいたころは、報酬で手柄に報いることができず、氏郷は自分で風呂を焚き、これを部下に振る舞って手柄への謝礼とした。そんな経緯があるから、部下たちも氏郷の〝部下愛〟を信じて疑わない。このときいっせいに申告書が出され、受けたい報酬の合計額が新しい石高をはるかに超えた。怒った家老が全員を広間に集め、いわゆる大衆討論をおこなわせた。一枚一枚の申告を読み上げ、

「この手柄には、この報酬が適当なのか」

と論議させたのである。大いに異論や反対や虚偽の申し立てなどが指摘され、申

告書は大幅に是正された。報酬総額も二分の一以下に減った。氏郷は苦笑した。そして、

「申告額どおり出してやれよ」

と告げたが、家老は承知しない。

「そんなことをしたら、あなたの報酬がゼロになり、それでも足りませんぞ」

と居直った。そういうやりとりを知っているから、部下のほうも反省した。

「嬉しさのあまり、少し調子に乗りすぎました。過大申告もしましたし、虚偽の申告もしました」

とみんな正直に告げた。しかしこの一事でも、氏郷の部下愛は部下の心を打ち、藩主としてのステータスはさらに上がった。

この氏郷のリーダーシップや人事管理を見ていると、結局はどんな時代にも、

「主従の信頼」

が何よりも大切だと教えられる。氏郷は、

「給与と部下愛（情）は車の両輪である」

といっている。これはちょっと意味が深い。氏郷がいうのは、

「勝ち戦のときは思いきって給与を増やしてやるのがいい。しかし負け戦のときは部下は落ち込んでいるから、情を用いなければダメだ」

という意味である。

〝情〟と〝非情さ〟を併せもつリーダーシップ

戦国時代の部下はある意味で自由な時代だから、どんな価値観を持とうと互いに干渉しない。海千山千の曲者《くせもの》もいる。これを管理するためには、〝情〟一辺倒ではダメだ。時には〝非情さ〟も必要だし、さらに〝合理性〟もいる。

そういう点でのリーダーシップや部下管理の達人は、何といっても徳川家康だろう。

家康は、少年時代から青年に達するまで、駿河（静岡県）の駿府（静岡市）城の今川義元の人質だった。約十二年間をここで過ごしている。

人質というのは、他人の冷や飯を食わされることだから人格にも影響する。家康の最後まで抜けることのなかった一種の〝人間不信〟の考えは、この時代に培われている。それは部下にも及んだ。かれの有名な言葉に、

「主人は船、部下は水だ」

というのがある。これは家康の座右の書『貞観政要《じょうがんせいよう》』にある「君は船、民は水」(治者がよい政治をおこなっているときは、民衆はこれを支持し、静かに支えてくれる。しかし一旦悪政をおこなえば、船をひっくり返してしまう）の転用だ。それはとりもなおさず、

「何よりも民を畏《おそ》れよ」

ということであり、親しいものに対しては家康は常に、

「部下も同じだ。油断すれば、主人にいつ背くかわからない」

と告げている。駿河時代に培われた〝人間不信〟が〝部下不信〟に発展していたということだろう。

歴史における名人事

織田信長が今川義元を桶狭間の合戦で殺すと、家康は解放された。拠点である故郷の岡崎城に戻り信長と同盟を結んだ。そして岡崎城主としてかれが最初におこなった人事は、「岡崎奉行」の設置である。つまり「政治でもっとも畏るべきは民だ」

という認識を持った家康は、領民のために奉行を設置したのだ。

しかし一人の人間に奉行を命じたわけではない。家康は常に、

「すべての能力を一人の人間が備えているはずがない。必ず欠点もあるはずだ」

という人間観を持っていた。だからマルチ人間などは信じない。互いに欠点を補い合うような組み合わせが必要だ、と考えていた。

したがって岡崎奉行には三人の武士を任命した。高力《こうりき》清長・本多重次（通称作左衛門）・天野康景（通称三郎兵衛）である。これが布告されると、岡崎の城下町の住民は、こんなことをいった。

「ホトケ高力オニ作左どちへんなし（どっちでもない）の天野三郎兵衛」

うまい例えだ。それに三人の性格をよく見抜いている。ホトケのように人情深い高力、気が短く法律を重んずる本多重次、そのどちらの性格も併せもっている天野康景ということだ。わたしはこの人事を、

「歴史における名人事」

だと考えている。家康の「マルチ人間はいない」という人間観のあらわれだけでなく、この人事方針が二百六十年も徳川幕府を続けさせたからである。いってみれ

ばこの人事は、

「各人の長所の相乗効果を期待する」

といいうことであり、長所の相乗効果とともに、それぞれの欠点を補完させるということでもある。

一人に頼りすぎない組織づくり

家康が創始した徳川幕府の幹部職は、すべて単数で任命されていない。複数だ。老中も若年寄も諸奉行も諸目付も、すべて複数で任命されている。

しかも「月番」という担当者を設け、毎月一人ずつ仕事をさせる。この間他者は自宅でやり残した仕事や、文書事務に従事する。当然現任の役職者のやっていることを冷静に凝視できる。またそれが民に関係のあることであれば、民側からも批判や称賛の目が向けられる。このことによって全役職者は常に〝ドッグレース〟をおこなわされていたのだ。

現代にこれがそのまま通用するわけではない。しかし、長期低迷した経済や、少子化などによる人口動態の変化で、ともすれば組織内の逆ヒエラルキー（三角形の逆転現象）が見られる現代では、ありあまる幹部職の調整に、たまにはこの月番制（ポストの複数化）などは一考に値するかもしれない。余計な神経を費やしたり、情実を絡ませたりするような「勤務評定」が、現実の実績としてあらわれてくるからだ。

〝見えない努力〟を惜しんではいけない

蒲生氏郷における〝情のリーダーシップ〟と、徳川家康における〝非情（合理性）のリーダーシップ〟は、タイプは違うがある共通点を持っている。それは、

- 人を動かすリーダーは、それぞれ人に見えない努力をおこなっていること
- 強いだけではリーダーとして認められないこと
- したがって、一人の力では歴史はけっして動かない、ということ

である。ではここでいう、

「人には見えない努力」

とは一体何だろうか。一言でいえば、部下から見て、

「このリーダーなら信頼できる」

という観念を生ませることである。

そのためには、一人になったときにコツコツと「自己向上」の努力をおこなうべきだ。その日の出来事をケーススタディ（事例研究）にして、自分のリーダーシップを振り返るのである。

氏郷はそれを「情」の面で、家康は「知（合理性）」の面から試みた。その目的はふたりとも、このリーダーは信頼できると認められることであり、具体的に、

「このリーダーのいうことならウソではない」

だから、

「このリーダーの指示命令なら従っても間違いない。自分は協力する」

という積極的な気持ちを湧かせることだ。それはあげてリーダーの〝らしさ（個性）〟にもとづいている。その〝らしさ〟が部下に、

「このリーダーなら」

という〝なら〟という気持ちを生ませるからだ。この「〝なら〟といわせる〝ら

しさ〟」のことを、わたしはある中国文学者から、

「人間の風度というのだ」

と教えられた。したがって、部下に〝なら〟と思わせる〝らしさ〟のためには、

「リーダーがその風度を高める」

ことが必要になる。たしかに現在のリーダーにも、情報力・判断力・決断力・行動力などの要件は共通して必要だろう。が、それだけではダメだ。そのほかに、

「部下が〝なら〟と思う〝らしさ〟を発散する」

という別立ての努力が必要なのである。もっといえば、

「強烈な風度さえあれば、他の条件はそれほど必要なくなるかもしれない」

とさえいえるのである。風度というのは、その人間の発する魅力・吸引力・信頼感・モラールアップなどを備えた一種の、

「オーラ（気）」

といえるだろう。

第五章 人生は下りに醍醐味がある
～自分の「原点」を貫く生き方

人生の持ち時間を有効に使うために

前章で「風度」について述べた。『名将言行録』などによく出てくる言葉だ。「風度によって家臣は納得した」等。

しかし、風度を高めていくためには、単に歴史だけを見つめていてもダメだ。歴史も含めて、人間に関するあらゆる知識や事例を取り入れる必要がある。つまり〝人間学〟に関わりを持つ分野に、大いに触手を伸ばす必要がある。それは「風度」はすぐれて今日的課題だからだ。

だが、若い時代のように無定限、無定量にその作業がおこなわれるわけではない。

範囲を絞り込む必要があるだろう。前述したように、その一つのモノサシとしてわたしは、

「自分の生き方を後押ししてくれるような知識」

を一つのモノサシにしている。その視点に立って、歴史上の人物ですぐ思い出すのが二宮金次郎の読書法だ。伝えるところによると、二宮金次郎の読書法は、

「難しい本でも三度読む。しかし三度読んでもわからない部分はそのページを引き裂いてしまう」

という伝えがある。わたしはこれを本当だと思いたい。自分の経験として、難しい本を毎晩読んでいても、そのページに来ると必ず眠くなることがある。一晩だけではない。幾晩繰り返しても眠くなる。そうなるとそのページは、わたしにとって一種の睡眠薬であって、知識を与えてくれるものではない。二宮金次郎なら、このページは破って捨てただろうな、と思う。これはたまたま本の例だが、こういう、

「本に対する思いきった決断」

も必要になる。それが〝範囲（対象）の絞り込み〟である。特に老年に達していれば、もう持ち時間の問題からいってもそんなに余裕はない。あらゆる方面に知識

を求めて、それを帰納して一つの結論を出すような気力と労力もなくなってきている。そうであれば、

「自分が信じている自分の生き方を、さらに後押ししてくれるパワーを得る」

という構え方にもとづいて、風度を高める方法をとったほうがいい。

〝晴耕雨読〟はけっして理想ではない

わたしがいまの立場で、さらに風度を高めるための勉強法の一つに、

「歴史上における偉人たちは、老年をどう生きたか」

ということへの追究がある。

その視点で歴史上の人物を見つめると、伊能忠敬・北条早雲・毛利元就・新井白石・松居遊見《ゆうけん》・鴨長明・徳川斉昭・黒田如水などがすぐ浮かんでくる。人物によっては、わたしがいま、身を置いている年齢まで生きられなかった人もいる。しかしその、

「やろうとしたこと」

は、たとえ若死にしていたとしてもわたしを圧倒する。

昔は「隠居」というシステムがあった。現役から退いて〝晴耕雨読〟で生きることだ。晴耕はいまでいえば、地域のボランティア活動に励む、といったことだろうか。雨読というのは、雨の日に家にこもって、読書に精を出すということである。

しかしここにあげた八人の高齢者たちは、必ずしもこの〝雨読〟に勤《いそ》しんだわけではない。〝晴耕〟のほうに精を出した。しかしそれはボランティア活動に励んだ、ということではなく、

「現役時代にやりたくてもやれなかったこと」

に専念することだった。

伊能忠敬に見る〝途切れない〟生き方

伊能忠敬はその典型だろう。

かれは伊能家の養子だったが、当時の伊能家は財政的にも破産寸前で家運が傾いていた。忠敬は本当は天文学や測量学を修得し、これをマスターしたかったが、その志を一時押さえ込んだ。そして、家業に専念し、見事に伊能家を再建し、これを定着させた。そして五十歳のときに隠居し、家人の了解を得て、

「これからは本当にやりたいことに専念する」

と宣言をしたのである。幕府の天文方、いまでいう気象台に入り、徹底的に天文学や測量学を学んだのち、日本地図製作のため、全国測量の旅に出る。

当時は、寛政時代で老中筆頭（総理大臣）の松平定信が、特に国防上の必要から日本国土の正しい地図を求めていたので、ちょうどその時流に乗った。

しかし伊能忠敬は、正式な幕府役人ではない。各地を測量するうえでいろいろな苦難を味わった。つまり正規の役人ではないから、地域の協力が得られない。幕府も庇《かば》いきれない。おそらくそれを補うために、忠敬は自分が努力してため込んだ私財をかなりつぎ込んだことだろう。忠敬の日本地図製作に果たした努力の詳細は、すでにたくさんの書籍が出ているので省略する。が、

「隠居前は、与えられた仕事に専念し、隠居後に自分のやりたいことをやる」

ということを実践した忠敬の生き方は、われわれ高齢者にとっても大いに参考になる。

ただ、いまのわたしたちにはなかなか実行しにくいのが、かれが、

「隠居後に、やりたいことをやれるだけの必要な資金蓄積」

をおこなっていたことだ。つまりそれは、現役で働いているときから準備する心構えが必要なのだ。隠居したからといって、そのやりたいことが、

「お待ちしていました」

などといって迎えてくれるようなケースは、まずない。

つまり、老後やりたいことをやるための状況づくりは、隠居前から心掛けておかなければならない、という教訓を伊能忠敬は与えてくれる。

そしてさらには、現役で働いているときから、隠居後にやりたいことをやる状況づくりのために、周囲の理解と協力を得る努力を欠くことができない。短絡的に、

「伊能忠敬は、隠居前と隠居後の生き方を、はっきり使い分けた」

という見方をするのは早計なのである。忠敬は隠居前から、隠居後の生き方をどうするか、という計画書をしっかりつくり、それにもとづいた準備を同時進行させていた。

だから、かれにとって隠居後はよくいう〝第二の人生〟に突入したわけではない。隠居前と隠居後は別人生ではなく、〝第一の人生〟なのだ。

わたしたちの多くが勘違いしてしまうのは、この一貫性ある生き方の同時進行を

怠って、

「先は何とかなるさ」

という甘い考えで、目の前の仕事に流されてしまうことだ。しかしこの、

「どうにかなるさ」

ということは、絶対にどうにかならない。ある意味での報復が必ず来る。隠居前の怠りに対する報復だ。


このへんはわたし自身が痛い経験をしているので、あえてこういうことを書く。つまり、「隠居後にやりたいこと」があったなら、隠居する相当前から、もっとはっきりいえば「隠居後にやりたいこと」を思い立ったときから、その準備をするということである。


だから自分なりに歴史から学ぶときに、伊能忠敬を対象にするならば、伊能忠敬における、

「現役時代に、隠居後の準備をいかにしたか」

ということにも目を向ける必要があるということだ。

北条早雲が「残したもの」

もう一人、北条早雲についてなぜ関心を持つかといえば、かれが、

「自分の初志を子孫五代にわたって継続させた」

という点に、大きな魅力と感動をおぼえるとともに、早雲の場合には〝生涯青春〟といっていいような生き方をしたからである。八十八歳で死んだというが、死ぬときまでかれは現役として活躍をし続けた。それも、

「自分の志を何とかして、子孫に引き継ぎたい。それには、次代を担う後継者にその志をしっかりと植えつけ、確立してもらうことが必要だ」

という態度をとり続けた。

北条早雲の前半生についてはよくわからない。おそらくかれ自身が意図的に隠したのだと思う。備前（岡山県）の生まれとも伊勢（三重県）の生まれともいうが、こういう人物にとってはそんなことはどうでもいい。むしろ、

「この世に何を残したのか」

ということが重要なのである。早雲がわたしたちに教えてくれるのは、

「弱いものを大切にする国をつくりあげた」

ことだ。

そして、このことは、後年の勝海舟の座談から検証できるのが、歴史の面白いところだ。つまり、時間と空間をとびこえて、ある事実と事実が突然結びついて、新しい事実が浮かび上がることがあるのだ。勝海舟は、

「神君家康公が旧北条氏の領地に入国したときは、非常に苦労された。それは北条氏の善政が隅々までよく行き渡っていたからである」

というようなことを語っている。

この一言が、わたしに北条五代百年の政治を注目させる動機になった。つまり、「歴史の見方」のヒントになったのだ。

北条五代はこの世における理想郷（ユートピア）を出現させたのである。そしてそのきっかけは早雲がつくった。

かれは若いころ、西方から駿河国にやって来た。伝えによれば、「かれの妹だか姉だかが、駿河の太守である今川家の側室になっていた」といわれる。が、この逸話もウソか本当かわからない。

とにかく早雲は今川家に縁を持った。そして手柄を立て、やがて興国寺城（静岡

県沼津市）の城主になった。

その当時伊豆に一人の悪公方《くぼう》がいた。足利家一族で、当然鎌倉に入って公方の仕事をすべきなのだが、伊豆にとどまって贅沢の限りを尽くしていた。

信頼は自分でつくりだすもの

伊豆地方ではこの悪公方の所業に住民が大変迷惑していた。そこで早雲はこの悪公方退治を思い立ち、手兵《しゅへい》を連れて攻め入った。そして悪公方を退治した。

しかし住民はすぐには早雲を救世主とは思わなかった。悪公方を退治するくらいだから、悪公方を超えるような大悪人なのだろう、という見方をしたのである。したがって伊豆の村々の住民は、早雲を恐れて悪公方がいなくなっても感謝しなかった。

早雲は考えた。そして、

「住民感情を理解し、これに対応しなければならない」

と思った。村に入ると、村民はほとんどいない。山へ逃げてしまった。それも早雲を恐れてのことだという。村に残っていたのは病人と老人ばかりだ。そこで早雲は部下に命じた。

「三人交代で一人の老人ないしは病人の面倒を見ろ」

そしてかれ自身は病人の様子を見た後、近くの山に入り、ある植物を探して採取した。かれは長年放浪生活を送ったので、薬に対する知識があった。そこで病人たちをみたあと、それに見合う薬をつくるべく薬草を探し回ったのである。

この努力が実って、病人たちは次々と治癒した。村人の間で、しだいに早雲に対する認識が変わってきた。

「あの人は悪人ではない。善人だ」

という評判が立った。村の病人がほとんど治りきると、その治った病人たちが山に入った。そして早雲の話をした。村人たちがみんな下りてきた。早雲は村人に告げた。

「これからは、村人同士で喧嘩をしてはいけない。人の物を盗んではいけない。病人や身寄りのない者がいたらみんなで助け合おう。わたしもその手伝いをする」

これが信じられて、やがて早雲は、

「この世のホトケ様だ」

といわれるようになった。しかし、早雲は得意にならない。それはこういう地域

をつくりたい、という願いがずっとかれにあったからである。そしてさらに、
「地域の太守になったら、この志を子孫に引き継ぎ、確保してもらいたい」
と願った。

歴史は〝行間〟を読むのが面白い

早雲のこの志は、北条五代に伝えられていく。北条五代を滅ぼしたのは豊臣秀吉だが、旧北条氏の領地はすべて徳川家康に与えた。ところが前に書いたように後年、勝海舟が、

「神君家康公が関東地方の旧北条氏の領地を引き受けたとき、大変にご苦労なさった」

「北条五代の善政が関東地方に浸透していて、何をしたかわからない新来の徳川家では、すぐには治めきれなかったのである」

というようなことを書いているからだ。

ここに引用した勝海舟の言葉（『氷川清話』『海舟座談』など）は、わたしがかなり意訳している。この〝意訳〟するということにも、わたしなりの「歴史観」が働

いている。つまりみなさんそれぞれが持っている「歴史観」も、時に、「歴史上の人物が書いた文章も、自分なりに受けとめる（解釈する）」ということになりかねないので注意が必要だ。

いずれにせよ、自分の歴史観を組み立てるということは、そのまま「自分の生き方」を確定することでもある。

前述したように、高齢者になってからは、若いときのように広範囲にわたって、あれこれ学び、その中から一つの真理を汲み取るというような時間的余裕がなくなってくる。勢い、「いままでの経験から、自分の生き方の背中を押してくれる（つまり支持してくれる）ような素材」を優先的に受け入れる。自分の生き方に対し、手応えがなく、逆に否定されるような場合には、これを捨ててしまう、ということである。この世における持ち時間が少なくなってきているのだから、それくらいのわがままは許してもらおう。

小善にこだわってはいけない

わたしが年を取ってから大事にしている言葉がある。

「小善は大悪に似て、大善は非情に似たり」

というものである。

目先の小さな善にこだわることは、大局的に見て悪に結びつくことがある。反対に、大きな善をおこなうときには、時には小善をつぶすような非情さを持つことも必要だ、という意味だろう。

なかなか難しいが、そういう善悪の境も、時に大きな立場から見る必要がある。

この年齢になってもまだ小善にこだわることは、時間の無駄であり生命の残り時間をさらに少なくする、ということになる。

その意味でも、老年になってからの生活信条は絞り込む必要がある。

新井白石が示した老いの美学

こういうように、

「歴史における高齢者」

の事績をたどっていく中で、戦国時代ではなく太平の時代に生きた人物で、その現役引退後の生活が生々しく、現在のわたしたちに迫ってくる人物がいる。

新井白石である。

新井白石は、常に政治に関心を持ち、それも「王道政治」を目指した有数の学者だった。しかしかれは他の学者のように、観念的に王道政治論を展開したわけではない。

「物事を理解するためには、何よりも歴史と経済を重んずるべきである」

という説を唱えた。現在の学界でも、

「江戸時代の学者で新井白石は最高の存在である」

と評価する人が多い。歴史を見るときにも、かれは「神話や、その神話に出てくる神々」を否定した。

「この世に、神だとか霊魂だとかは存在しない。古事記や日本書紀に出てくる神々も、実際はわれわれの先人である古代の生活者である」

と唱えた。当時としてはおそらく画期的な論だったに違いない。実をいえば、わたし自身も白石のこの考えに共鳴し、同時に同じことをいう小学校の教師に遭遇したことが、今日のわたしのものを書く基礎になっている。新井白石はそれだけクールであり、またリアルであった。合理主義者なのである。曖昧なことをまったく嫌った。

貧窮が襲ってきても……

白石は、明暦三（一六五七）年、江戸で、上総久留里《かずさくるり》（千葉県君津市）藩の藩主土屋家に仕えていた家に生まれた。しかし父は意志強固な人物で、なかなか頑固だったらしく、しばしば事件を起こしている。そのために、後に藩から追放されてしまう。そういう辛酸を子ども時代の白石は十分に舐めた。

ちょうど白石が生まれた年に、有名な「明暦の大火（俗に〝ふりそで火事〟という）」が起こった。このころはまだ藩主と新井家とは良好な関係にあったので、藩主は赤ん坊の白石を可愛がり、

「この子は火の子だ」

と冗談交じりにいった。大火災とともに生まれたからである。白石に対する藩主の寵愛《ちょうあい》は夫人によるものも含めて、かなり長く続いた。ほんとうに可愛い赤ん坊だっ

たらしい。

さらに藩主の土屋利直だけでなく、他藩の殿様も目をつけた。南部重直（陸奥盛岡藩の藩主）が、あるとき白石を養子にほしいと申し込んできた。しかしこれは父親よりも殿様の土屋利直のほうが断った。白石六歳のときのことだから、かなり目立つ子どもだったようだ。

九歳のころから習字を習い、一日四千字練習したという。これに注目した父がしばしば手紙を代筆させた。それが殿様にも知れて、十三歳のころには藩主利直の代筆を務めるようになった。

やがて、父が退職して江戸浅草に隠居した。そして、この年の閏四月にあれだけ可愛がってくれた藩主の土屋利直が死んだ。息子の頼直が跡を継いだ。

しかし白石が二十一歳のとき（延宝五年・一六七七年）に、土屋家で起こったお家騒動に巻き込まれた。父は追放され、さらに禁固の刑に処された。俸禄《ほうろく》も召しあげられた。たちまち貧窮が襲ってきた。蓄えはまったくない。しかしこれにめげずに白石は勉学を続けた。

受けた厚情は生涯忘れない

翌年有名なエピソードが起こる。それは当時、幕府出入りの大手建設業者であった河村瑞軒《ずいけん》（一六一八〜一六九九）が、白石の噂を聞いて次のような申し出をしたことである。

「わし（瑞軒）に、孫娘がおります。もしこの孫娘を嫁にしてくださるのならば、新しく研究室を含む住居を立て、また三千両の研究費をさしあげましょう」

これに対し当時二十二歳だった白石は、中国の故事をあげて断った。

「中国にこんな話があります」

と前置きしてかれが瑞軒に語ったのは、次のようなことである。

・あるとき、中国のある地域で、子どもがたまたま見つけたヘビに悪戯《いたずら》をし、小さな傷を負わせた

・しかし、小さなヘビはやがて大きなヘビに成長した

・が、子どもがつけた小さな傷もともに育ち、大きなヘビになると余計目立つような傷になった

「これと同じことです。いまのわたしは所詮、人に知られぬ小さなヘビにすぎません。しかし、現在も勉学に勤しみ、やがては大蛇になろうと志しております。今日のあなたのお話は、小さなヘビであるわたしに傷をつけるようなものです。わたしが大蛇になったときに、この小さな傷も必ず大きく育って、目立つようになりましょう。せっかくのお話ですがご辞退申します」

江戸時代は「士農工商」の身分制があり、武士は商人をあなどり、カネをいやしんでいた。したがって、その商人の援助を受け、しかも金銭の提供を受けることは、世間的にいやしめられ、大きな屈辱になった。学者としては社会からバカにされる傷になった。白石はそれを寓話《ぐうわ》で表現したのだ。

瑞軒は感動した。かれは商業界だけではなく江戸城内にも多くの知己を持っている。ことあるごとに白石の志の高さを吹聴した。

白石は後に江戸城に入って、〝江戸城の鬼〟と呼ばれるほどの強面《こわもて》になる。特に経済を重視し、貨幣改鋳《かいちゅう》には凄まじい勢いで臨んだ。かれが嫌ったのは、「役人と商人との癒着」

である。これを発見すると徹底的に糾弾した。河村瑞軒も政商だから、けっして清流に泳ぐアユのような暮らしをしていたわけではない。それなりに汚れた部分もある。が、それを知っても白石は河村瑞軒だけは絶対に糾弾しなかった。それは、若く貧しい時代に自分の名を聞いて、異例ともいえるような厚意を示してくれたからである。白石はそういう恩は忘れない。

度重なる不運を乗り越えた先に

度重なるゴタゴタで、藩主の土屋氏は改易されてしまった。そのため父親が土屋家から受けた「追放・禁固」の刑も自然消滅した。

白石は、天和二（一六八二）年、二十六歳のときに、大老の堀田正俊に仕えた。一説によると禄高五百石という破格の給与を受けたらしい。このとき堀田の命で、朝鮮使節と会見し、つくった漢詩に感心した使節から序文までもらったという。まだ会話は不自由だったろうから、おそらく筆談によっていろいろ話し合ったに違いない。序文までくれたということは、詩の内容が優れていただけでなく、白石の態度が朝鮮使節にとって、非常に感動を受けるものであったに違いない。

「よい主人に恵まれた」と思ったのもつかの間、その堀田正俊が貞享元（一六八四）年の八月に、若年寄の稲葉正休《まさやす》に殺されてしまった。家は潰されずに、かろうじて正俊の息子正仲が継いだが、正仲は出羽（山形県）山形城へ転封された。

白石は律儀に供をして山形に行った。しかし、三年後には収入源になった堀田家の負担になるのを恐れ、浪人した。

そのころ白石は幕儒、木下順庵の門人となっていたので、元禄四（一六九一）年、できのいい門人である白石が三十五歳のときに、順庵は加賀百万石の藩主前田綱紀（文化大名として知られる）に推薦しようとした。

ところが同門に金沢の出身である岡島仲通《なかみち》という人物がいて、ちょうど母親が病気になっていたので、帰省と同時に自分が前田家に仕えたい、と白石に相談した。白石は快諾し、自分の就職先をそのまま岡島に譲った。この美しい行為に感動した順庵は、今度は甲府藩主徳川綱豊の侍講として推薦した。

これは別に甲府に行くわけではなく、江戸にある甲府藩邸に勤めるということだ。白石はありがたく申し出を受けた。甲府徳川家では、白石に儒者として四十人扶持《ぶち》（一人扶持は一日米五合）を給与してくれた。

ついに「徳川家の直臣」になる

この時代が白石としては、学者としての本領を遺憾なく発揮できた時期である。

綱豊は非常に学問好きなので、白石はその要望に応え、古代中国の思想書や詩書をさかんに進講した。甲府徳川家では、白石を御書物奉行御用として活用した。師である木下順庵との関係も良好で、順庵もしばしば白石を訪れては、白石が綱豊から拝領した古書などを閲覧した。やがて元禄十一（一六九八）年に師の順庵が亡くなったとき、白石はその葬儀を一切取り仕切った。

宝永元（一七〇四）年の暮れになって、それまで跡継ぎの選定に苦しんでいた五代将軍徳川綱吉が、ようやく不承不承、甲府徳川家の綱豊を養嗣子《ようしし》に指定した。綱豊は家宣と改名し、江戸西の丸に入った。このとき白石も同行した。そのため、白石は甲府藩主徳川綱豊の侍講から、「徳川家の直臣」の侍講として扱われることになった。ただ、この時代はまだ純粋に学者として綱豊に仕え、江戸城の中でも白石をそう見ていた。目立つ存在ではない。

ところが宝永六（一七〇九）年の一月に将軍綱吉が死去すると、家宣が六代将軍になった。家宣の白石に対する信任は絶大で、関心を持つ幕政の中で思案に余ると必ず白石の意見をきいた。この年に白石が家宣に進言した項目には、次のようなものがある。

・皇室における皇子・皇女の処遇について
・幕府財政の打開策について
・貨幣制度の改革について
・長崎貿易について
・朝鮮使者の待遇について

これらの事項に関し、的確な進言をしたほかに、白石は自分なりの考えで、「風俗取り締まり・武器検査・弓馬だめし」などについても提言している。その功によって、白石は加増を受け、しかも扶持を知行（領地を与えられること）に切り替えられて、五百石になった。この年白石は五十三歳である。

以後、いままで勉強した学殖を基礎に、幕府の諸制度について積極的な意見を進

言し、家宣も、

「白石とわたしとは一心同体である」

というほどの信頼ぶりを示した。


敵をつくっても、最後まで譲らなかったもの

その白石が在職中もっとも熱心だったのが、貨幣改鋳である。かれは、

「貨幣改鋳は、使う者（国民）の信頼を得ることが肝要である」

と唱えた。


しかし、貨幣改鋳は白石のいうとおりにはおこなわれない。改鋳というのは〝出《で》目《め》〟と呼ばれる、改鋳によって生じる余剰金が目的だ。簡単にいえば、金で小判をつくるときに、金の含有量を少なくして、銀や銅を混ぜる。混ぜた分だけ出目が出るから、それが幕府の収入になる、という仕組みだ。白石はこのやり方を嫌った。

「これこそ国民の信頼を失う悪政で、王道政治にもっとも反する」

といって、猛反対をした。そして改鋳を担当している勘定奉行の荻原重秀を名指しで憎んだ。白石の「王道政治」というのは、

「民の信頼を得るための仁と徳に満ちた政治」のことだから、「経済」という言葉を、本来の意味どおりに理解していた。つまり、「経済というのは経世済民の略であって、経世というのは乱れた世の中を整えることであり、済民というのは、苦しむ民を救うことである。単なるソロバン勘定ではない。経済の二字の背後には、民を幸福にすべき美しき理念が込められている。そこへいくと、いまの改鋳行為は、まったくその民の信頼を失うようなことばかりしている。おそらく、改鋳後の貨幣は信用されまい。そうなると、貨幣に対する不信用は、そのまま政治に対する不信用につながる」

としきりに論じ立てた。だから白石の論に従えば、

「貨幣改鋳をおこなうにしても、徳川家康がおこなった当初の、民に信頼させる改鋳にしなければならない」

ということになる。それはとりもなおさず、金の含有量をごまかさずにきちんと元に戻せ、ということであった。

しかしそんなことをすれば、傾いた経済は立ち直らない。いま通用している貨幣にくらべ改鋳コストは過大になる。出目はまったくなくなり、幕府は改鋳をおこな

うたびに大きな損害を被る、という結果になる。こういう点をプロで財政通の荻原重秀はしきりに反論した。

家宣も一度は白石の論を実行するが、すぐ取りやめになった。出目がまったくないからである。後半の白石の政治生活は、ほとんど荻原重秀との抗争に明け暮れる。

「王道政治を乱す君側《くんそく》の奸《かん》」

として、白石は何度も家宣に荻原の罷免《ひめん》を迫る。さすがの家宣も辟易して、ついには荻原重秀を罷免した。が、このことが大いに神経を煩《わずら》わせたせいか、家宣は荻原罷免の直後に死んでしまう。

〝江戸城の鬼〟の功績

家宣は病臥中から、

「後をどうしたらよいか」

と白石に相談していた。跡継ぎの家継が幼年だったからである。しかし白石は断固として家継相続を主張した。家宣はこれに従った。このころ、仲のいい学者の室《むろ》鳩巣《きゅうそう》が、やんわりと白石に退職をすすめた。それは、

「あなたを信任されたご先代様がお亡くなりになったのだから」

というのが理由だ。しかし、白石はこれを蹴った。かれは、

「いまのわたしは、七代目様をどなたにするかのご相談を受けていた身だ。したがって、自分の進言どおり家継様が将軍になられるのなら、これをお守りする義務がある。見通しがつくまで、わたしは死を賭してお仕えする」

ときっぱり宣言した。言葉どおり正徳三（一七一三）年に、家継が七代目の将軍に就任した。五代将軍綱吉は死ぬときに、

「生類憐みの令だけは、絶対に廃止してはならぬ」

と遺言したが、白石はその遺言を破り、家継にただちにこの悪法を廃止させた。勇気ある白石の進言に、周囲では大いに高く評価した。荻原追放のときはあまりにも凄まじい勢いだったので、人びとは白石のことを〝江戸城の鬼〟と呼んだが、それも生類憐みの令廃止によって、かなり薄まった。

以後家継の後見的立場に立って展開したこの時代の幕政を「正徳の治《しょうとく》」という。これが白石の五十代半ばから六十歳に至る時期である。そして六十歳になった享保元（一七一六）年、白石はその職を罷免される。将軍が代わったからだ。

還暦直後、罷免の憂き目にあう

享保元（一七一六）年の二月に、白石は還暦の祝宴をおこなったばかりだった。ところが四月に家継が死んでしまった。このとき白石は退職願を出したが、受理されなかった。そして新しく将軍に就任した元紀州藩主徳川吉宗によって、正式に罷免された。

これは明らかに、吉宗の意図的なものである。つまり提出された白石の退職願を受理したのでは、白石の意思による退職ということになる。吉宗があえて、

「罷免する」

という表現にこだわったのは、それによって新将軍の権威を示そうとしたのだ。そのことは白石に加えられていた〝江戸城の鬼〟として、学者の身でありながら幕政にいろいろ口を出し、かなり専権を振り回したことに対する、懲らしめの意味もあっただろう。

さらにこれに追い打ちをかける命が下った。白石がそのころ住んでいた家と土地を幕府に返上させ、同時に生前の家宣から拝領した図書類も全部幕府の書庫に返

せ、という命令を下したことだ。白石はさすがに憤《いきどお》った。

「代替わりによってこうも露骨な扱いを受けるのか」

と感じたからである。

面白い事実がある。それはこの返上要求の使者としてやって来たのが、江戸町奉行として知られる大岡越前守忠相《おおおかえちぜんのかみただすけ》だったことである。

名奉行・大岡忠相が経験した〝汚れ仕事〟

吉宗は大岡忠相をいきなり江戸町奉行にしたわけではなかった。短期間だが江戸町奉行の前に「普請奉行」を命じている。

江戸町奉行と普請奉行とでは格が違うし、世間の見る目も違う。江戸町奉行のほうが格段に上であり、花形ポストだ。そのため吉宗はまず大岡を普請奉行にしたのだが、これにはもう一つ、吉宗の魂胆があった。

このあたりの一連の関心の寄せ方は、わたしがかつて役人（東京都庁職員）だったせいもあるかもしれない。吉宗の意図はおそらく、

「江戸町奉行というのは大変な重いポストだ。人間生活の表裏に通じなければなら

ない。理屈や清さだけでは務まらない。そのためには、大岡にも多少、川の汚れを経験させよう」

というものであったろう。はっきりいえば、

「汚れ仕事や人の嫌がる仕事も経験してこい」

という意味で普請奉行を命じたのだ。このときの普請奉行として吉宗が命じた仕事は、新井白石から、

「公有物である敷地や住居、ならびに図書を中心とする幕府の備品を返却させる」

ということだった。これは退職を認めずに罷免とし、同時にハード・ソフトにわたるいろいろな幕府の物を返却させる、つまり、これも一種の懲らしめであり見せしめだ。

大岡はつらかっただろう。おそらく大岡は新井白石を、

「勇気ある人物」

として尊敬していた。そんな人物から、いかに罷免されたとはいえ家や土地を取り上げ、さらに本まで取り上げるという役割は、本当ならごめん蒙《こうむ》りたかったに違いない。しかし大岡はこれを果たした。白石も大岡の山田奉行（伊勢奉行）として

の実績は知っていただろうから、あるいは大岡のつらい役目に同情して、

「そんなにお悩みになる必要はない、お返ししますよ」

と素直に応じたのかもしれない。

江戸も現代も……退職後に味わう悲哀

わたしが新井白石に特に興味を持ったのは、

「退職後のかれの社会からの遇され方」

についてである。


新井白石は退職早々に、新しい将軍（八代将軍）からひどい目にあわされた。自発的退職は認められずに、新政権の権力による罷免、という厳しい処分を受けた。しかも、持っていた土地や家屋も取り上げられ、与えられたはずの図書まで返上させられてしまった。そしてそれだけではない。白石の自戒によれば、

「それまで、なんだかだと自分のところに慕い寄ってきた武士たちが、波が引くようにいっせいにサァーッと去ってしまった」

と述懐している。

これはそのとおりだと思う。というのは、現役中はたとえ〝江戸城の鬼〟といわれても、やはり白石のステータスを重く見て、人事上いろいろな頼み事をしにくる武士がいたに違いない。

白石がどの程度これに応じたかは知らないが、しかし人から頼まれて悪い気はしない。できることはしたに違いない。しかしそれもできなくなった。予算の分捕りもできない。そうなると組織内にそのまま残らなければいけない武士たちは、

「あの人は力を失った」

と見る。これは当たり前だ。それが退職後にも及ぶ。だから、年賀状も減り、中元や暮れの挨拶もなくなってしまう。白石はさすがに良心的な学者なので、この事実をリアルに受け止めた。かつて江戸城で可愛がった腹心に対し、

「もう、わたしの家になど来ることは避けたほうがいい。おまえの立場が悪くなる」

と親切な助言をしている。普通なら、だれも来なくなった身を自分でいとおしんで、あいつはどうして来ないのだとか、あれだけ面倒を見てやったのに……などとぼやく。去年来た年賀状の束を出して、今年来た年賀状の束とくらべてみたりする。今年のほうが圧倒的に少ない。人情としてはわかるが、こんなことはやらないほう

がいい。自分が惨めになるだけだ。

自分の「原点」を貫く

白石は、しだいに孤立した。かれは自伝を書きはじめた。それが、『折《おり》たく柴《しば》の記』である。この題名の由来は、平安末期の源平時代に、武士を手玉にとった後鳥羽上皇の、

思ひいづるをりたく柴の夕けぶり
むせぶもうれしわすれがたみに

という歌からとったものである。後鳥羽上皇は、かなり長い間、京都政界に君臨した。しかし平清盛ら武士の台頭によって、その勢威に秋風が吹きはじめた。その感慨を込めた寂しさは白石のそれでもあった。したがって白石がこの歌を自分の自伝のタイトルにしたのは、上皇に共感をおぼえたからだろう。

じっと孤独感を噛みしめ、庭の枯れ葉を集めた寂しさが溢れている。そうなるとやはり過去の自分というものに哀憐《あいれん》の情が湧いてくる。現在の立場からくらべれば、あのときはこういうことをやった、ああいうこともやった、などという思い出が募ってくる。『折たく柴の記』はそういう意味の自伝である。

合理性を重んずるリアリストの白石の自伝だけに、ほとんどが事実の羅列である。しかしそれだけに、家宣をはじめとして、よい主人に恵まれた、いわば得意絶頂の〝黄金時代〟の記述が、書いた当時のかれの立場や心境と照らし合わせると、高齢者であるわたしなどには、悲痛な哀感として胸に迫ってくる。現在でも、この著作は、

「自伝文学としては、最高傑作だ」

と評価されている。そしてさらに白石は前にも書いたように合理性の強い学者だから、この人間的危機を自分なりに克服し、その後は著述に専念して、それぞれ成果を挙げてゆく。つまり本来の学者としての原点に戻り、初心にかえっての生き方を貫いたのだ。

第六章　歴史が自分の血肉となる瞬間
～歴史から学んだ最大のこと

わたしの歴史観を決定づけた恩師の言葉

自分の歴史観をやしない、歴史を現代に生かす方法について、わたしなりの歴史の向き合い方を記してきた。最後に、わたしがここに書いてきたような歴史観に至るまでの経過について触れてみたい。

わたしが自分の歴史観の基礎を決定的にしたのは、小学校五年生のときだ。戦前のことだが、当時の小学校の担任が歴史の時間にこんなことをいった。

「今日は、神話の話をする」

神話というのは日本の古い文書である『古事記』や『日本書紀』などのことだ。

先生は、

「例としてヤマタノオロチの話をしよう」

と告げた。ヤマタノオロチの話はそのころのわたしたちも知っていた。

・出雲（島根県）の山の中に八つの頭を持つヤマタノオロチという大蛇がいた
・酒好きで、しばしば麓に下りてきては悪さをした。美しい娘をさらったり、農作物を荒らしたりした
・そこで困った村人が相談し、村の若者であるスサノオノミコトに退治を命じた
・スサノオノミコトは山奥に入り、酒などを使いながら巧みにヤマタノオロチを騙し、ついにこれを退治した
・このとき大蛇の腹の中に一本の立派な剣があった。スサノオノミコトはこれを持って麓に下ってきた
・この剣が、後の天皇のシンボルである三種の神器の一つになる（他の二つは、鏡と玉）。

ざっといえばこういう話だ。ところが先生は真っ向からこの説を否定した。否定の根拠は、

「世の中に八つの頭を持ったヘビなどいるわけがない」

ということである。そこで先生は持論を展開した。

・ヤマタノオロチが八つの頭を持っているというのは、このころ中国山脈で仕事をしていた八人の鉄の生産者のことだ

・鉄の生産者は、山で採れる砂鉄を使ってこれを溶かし鉄製品をつくる。だから採集した砂鉄をふるいにかけるときに、粒子の小さな砂は網の目からこぼれる。それが川を伝って下流に流れていく

・この伝説の場合は、出雲の斐伊《ひい》川がそれだ

・この捨てられた砂が下流に達すると、河床を高くして、雨季には洪水の原因になる。事実、下流の農民たちは洪水によって大いに苦しめられた

・原因を調べてみると、この洪水は必ずしも天災ではなくむしろ人災だということがわかった。つまり、八人の鉄の生産者が砂鉄を採った後の砂を上流から流した

結果だということが判明した

・そこで、村人は村長を中心に相談し、スサノオノミコトという乱暴者を山奥へ派遣することにした

・スサノオノミコトは山奥に行った。そして鉄の生産者たちをなじると、鉄の生産者たちはそのことを知らなかった。謝罪し、今後は鉄の生産抑制や、特に捨てた砂を絶対に川に流さないということを誓った

・そしてこのときのみやげに「われわれのつくった製品です」といって、一本の剣をくれたのである

こういう話だった。つまり先生がそのときにいったのは、

「古事記や日本書紀で〝神〟と称している存在は、われわれの先人であり古代の生活者だ」

ということである。

すべての根底には〝人間の営み〟がある

この先生の説明は、ここまで読んでくださった方ならすぐお気づきだろう。前に挙げた「新井白石」の説と符合する。小学校の先生が白石に関する本を読んでいたのかどうかはわからないが、非常に合理性があり、子どものわたしたちを納得させた。そしてこの日の話は、いまに至るまでわたしの胸に強く刻みつけられている。

これがいってみれば、

「わたしの歴史観の原点」

になった。

この先生はさらに「天孫降臨」にも、面白い説を唱えた。ある日、やはり歴史の時間に、

「今日は天孫降臨を実際に見せてやる」

といって、わたしたちを品川の海辺まで歩かせた。当時は高い建物もないから、ずっと見渡せば、はるか向こうに海が湾曲して水平線が空とくっついている光景が見られた。先生は、

「海の果てを見ろ」

といった。そしてわたしたちに、

「どう見える?」

ときいた。わたしたちは見たままに、

「空と海がくっついています」

と答えた。先生は大きく頷き、

「そうだろう。だから天孫降臨というのは、あの海の彼方から、どこかの先住民族が船に乗ってやってきたのだ。それが空から下ったように見えたのだ」

と説明した。わたしたちは仰天した。そしてこのことが子どもによって親に報告され、学校にも知れた。問題になった。

昭和十年代のことだから、「皇国史観」が罷《まか》りとおり、皇室に対しても「不敬罪」というのがあった。詳しい経緯は知らないが、その先生がある日突然いなくなったことだけはわかった。噂によれば兵隊に召集され、中国戦線に行ったという。

不肖の弟子であるわたしは、いまとなっては先生の名も出てこないのだが、けっして忘れない非常に印象深い存在であった。

特攻隊員として出撃を待つ中で迎えた敗戦

小学校の恩師による、

「日本の神話の主人公はすべて生活者だ」

という言葉を得て、わたしは大いに力づけられた。そうなると神話に対する考え方がガラリと変わってくる。特に主人公に対する親近感が増す。つまり、

「スサノオノミコトも、ヤマトタケルノミコトも、われわれとおなじ人間なのだ」

ということになれば、その語られる事蹟に対しても解釈が違ってくる。

わたしは旧制中学三年（十五歳）のときに、海軍甲種飛行予科練習生（略して予科練）になり、土浦海軍航空隊に入った。予科練は海軍元帥だった山本五十六（真珠湾攻撃の連合艦隊司令長官）が設立したもので、かれは、

「これからの海軍は、戦艦などの重い武器よりも、航空機を重視すべきだ」

と唱えて、多くの反対を押しきって航空隊をつくったという。

当時〝土浦〟ときけば、これは〝予科練〟のことをいって、若い女学生には大人気だった。つまり〝予科練〟は、モテモテの若者の群れだったのである。

練習教程を終えると、わたしは青森県の三沢基地に配属された。ここから硫黄島

に殴り込みをかけようという作戦に参加するためだ。硫黄島は米軍が占領していてB29の基地だった。

B29は毎日毎晩のように日本にやってきて、爆撃した。これをつぶそうということだ。いわゆる〝窮鼠《きゅうそ》猫を噛む〟といっていい作戦だ。後にきいたところでは、「陸海軍が残存機を全部三沢に集結させて、一挙に殴り込む」という悲壮なものであったという。

復員後の上野駅での忘れられない体験

しかし残念ながら残存飛行機がそれほどなかった。わたしたちは虚しく戦に敗れ、復員した。

支給された軍装のまま、ほとんど屋根のない貨物列車のような汽車に乗って上野駅に着いた。上野界隈は米軍の空襲によって焼跡となっていた。駅も建物がなく、土台だけが残っていた。そこにはこれから帰京する罹災《りさい》者や、あるいは居所のない人びとが群れていた。

汽車から降りたわたしは、後方から鋭い視線を感じた。振り向くと、一人の若い女性が赤ん坊を背負ったままわたしを睨《にら》みつけていた。

視線の意味がすぐにわかった。女性はひどい服装で、わずかな荷物を脇に置いている。背中で赤ん坊は泣き続けた。おそらくおなかがすいているのに違いない。女性のわたしへの視線は、こう語っていた。

「子どもだってゆるさないよ」

わたしにはピンと来るものがあった。女性はこういっているのだ。

・軍隊のおかげで、わたしたちはひどい目にあった
・家は焼かれ、夫は戦争にとられて死んでしまった。しかも赤ん坊を残された
・これから故郷に帰るが、故郷でもどんな迎え方をしてくれるかわからない。おそらく冷たくあしらわれるだろう。そうなるとわたしは途方にくれる
・あんたは子どもかもしれないが（当時十七歳）、自分から志願して戦争に行ったのだろう。だから、大人の兵隊とおなじように、自分たちは知らないとはいわせないよ

「あんたたちが、わたしたちをこんな惨めな姿にしたんだ！」

明らかにそういっていた。この無言の非難を続ける女性の姿は、いまもわたしの頭の一角にはっきりと場所をとっている。わたしは凄まじい衝撃を受けた。調子のいいころはモテモテだった予科練の若き飛行兵がこのざまだ。しかしわたしは、

(これが敗戦なのだ)

と痛切に感じた。

敗戦を引きずる日々の中で

敗戦のつらさは、その後のわたしの生活にもしばしば訪れた。もう軍装は捨てていたが、時に懐かしい鎌倉の海に一人で泳ぎにいった。

しかし由比ヶ浜や材木座の美しい海は、ほとんど米軍が使っていて「日本人入るべからず」の札が下げられ、縄で境界線がつけられていた。縄は遠く海の中にまで及んでいる。惨めだった。そしてこのときも、

(これが敗戦というものさ)

と自嘲的に自分にいいきかせた。

どうしてもあの女性の鋭いまなざしから逃れられないわたしは、本が好きでよく神田の焼跡に行った。ここには、いわゆるインテリが自分の蔵書をゴザの上に並べて売っていた。そうしなければ米が買えなかったからである。

そこで発見したのが内村鑑三の『代表的日本人』である。ちなみに、この本は、後にわたしが『小説 上杉鷹山』を書くのに参考にした唯一といっていい資料である。

神田に行くには、目黒にあった自宅から渋谷まで東横線で行き、渋谷から出る須田町行きの都電に乗る。ところが当時の都電はボロボロで、窓ガラスはほとんど破れている。椅子も中身の板がはっきりあらわれていた。

なんともいいようのない敗戦後の風景だが、わたしは椅子に座ることなく、極力立つようにした。しかも立つところは窓ガラスが破れた場所にである。ここに身体を託すことによって、その破れから吹き込む冷たい風をいくらかなりとも防ぐことができればという、いわば贖罪《しょくざい》の気持ちだったのである。キザなようだが、当時のわたしはほんとうにそう考えていた。

敗戦後の体験がわたしの歴史観を変えた

そしてこのとき都電の中で考えたことが、わたしの歴史観に大きな影響を与える。一つは、合戦に敗れた後の城中の兵が、その後どういう生活をしたのだろうか、ということ。そして、もう一つは戦国時代一般にいえる、

「女性の悲運」

についてである。

戦争は女性が起こすものではない。必ず男性が起こす。そして女性は必ず犠牲になる。政略結婚がその典型的なものだ。わたしはいまでも、

「好きな者同士が、一緒にいられない時代は不幸な時代だ」

と思っている。強制的に愛を引き裂かれ、バラバラに違った人生を送るなど、ほんとうに胸の底から悔しさがこみ上げてくる。そのためだけでも戦争は嫌いだ。だからその後に書いた『春日局』などでも、

「平和を保つために、男性社会に抵抗し、女性の主張を大奥から発信した存在」

という視点から扱っている。

春日局の名はお福といって、明智光秀の家老斎藤内蔵助《くらのすけ》の娘だった。明智光秀は

主人の織田信長を殺したが、その実際の指揮をとったのが斎藤だ。
そのため豊臣秀吉は斎藤を憎んだ。明智光秀とともに斎藤内蔵助の首も京都の刑場に並べてさらした。父を失ったお福は、この刑場で父の首を見つめ涙をポロポロ流した。

このときのお福の気持ちはわからない。しかし秀吉への恨みよりもむしろ、合戦という残酷なシチュエーションが、女性にいかなる悲運をもたらすか、ということを身に沁みて感じたに違いない。その後のお福の生き方を見ていればよくわかる。

お福はやがて、公募された二代将軍徳川秀忠の息子竹千代（家光）の乳母になる。ここで、将来家光のブレーンになるような若手の武士をいわば〝お福学校〟として育てる。菓子を与えたり、教科書を与え、同時に将来家光に対して限りなき忠誠心を持つように仕込む。これが後の老中、松平信綱・阿部忠秋・堀田正盛などになる。

徳川幕政を左右する若手老中たちのすべてが、〝春日局平和学校〟の出身者だった。
お福は大奥を主宰する。そして大奥から、
「女性の意見が表の幕府に反映するような仕組み」

を主張する。幕初は、大奥の意見は男性が牛耳る徳川幕政に反映され、平和路線を保つことにつながる。後に酒池肉林のように扱われるような場所を、春日局は発案したわけではない。あくまでも幼女時代からの悲しい経験を基盤にして、

「日本国内で、二度と合戦のないような状況を保つ」

ということに努力したのである。

革新都政の誕生は、まさに江戸城明け渡しの様相

昭和二十二年、わたしは東京都の職員となり、昭和三十五年に東京都庁の課長試験に合格、その年の暮れには東京都立大学（現在の首都大学東京）の理学部の事務長に移った。課長としての第一歩を踏み出したのである。

そして昭和三十九年に東京都広報室に異動した。職名は副主幹（課長級）だった。広報室が発行する自主媒体（都民へのお知らせや職員報、都が提供する映像作品の製作進行）に携わった。そして昭和四十二年に知事が代わった。東龍《あずまりょう》太《た》郎《ろう》氏から美濃部亮吉氏になったのである。

美濃部さんは「革新知事」といわれた。それまでの都政は「保守都政」と分け

られた。いまでは、こんな分け方はもう古臭くばかばかしくて、都政の内容からいえば保守も革新もない状況になっているが、当時はそうはいかなかった。特に都議会が緊張した。圧倒的に自民党が数を占めている。首脳部では、

「議会運営が思いやられる」

と頭を悩ました。この事件は、歴史から見ればまさに、

「江戸城明け渡し」

に似ている。それまで二百六十年も続いた徳川幕府が否定され、新興勢力である下級武士からなる新しいパワーに取って代わられたのだ。

「そのとき、都庁の高級官僚はどうするか」

ということも、歴史好きのわたしにとっては一つの関心事であった。つまり、知事が代わったからといって、アメリカのように職員が上から下まで総入れ替えになるようなことはない。保守から革新と都政の質が変わったとしても、それをおこなうのはいまいる職員だ。そのことがすなわち、

「公務員における中立性の保障」

なのである。つまり、知事は都民が選んだのであって、職員が選んだわけではない。

職員は、都民の選んだ新しい主人に対し、忠誠心を示して職務に専念しなければならない。

そのことは、同時にまた、

「新しい知事によって前の知事に一所懸命仕えたことを問題とされることはない」

という意味も含んでいる。簡単にいえば、

「人事に影響はない。特に報復人事は認められない」

ということだ。

敵対する保守系議員たちとの膝詰め折衝

しかし現実には、そうはいかない場合がある。特に首脳部にとってはやはり時の主人に情が湧いているから、その忠誠心にもかなり感情的なものが含まれる。

江戸開城でもそういう混乱があった。このときの混乱は、主戦（抵抗）派と恭順（新勢力への順応）派の激論という形で約一か月続く。前将軍慶喜の断で主戦派はすべて江戸城から追い出される。

混乱の収束を図ったのは勝海舟と大久保忠寛《ただひろ》（一翁《いちおう》）である。ふたりは陸軍総裁ならびに会計総裁として、江戸城引き渡し事務を完了させた。

勝や大久保はもともと恭順論者であって、その意味では慶喜と同調していた。主戦論者もかなりいたが、しかし多くは江戸城を去って故郷で抗戦の構えを見せた。東北地方に多かった。

いっぽう、都庁での混乱は、江戸開城とは違って、主戦派というのは表立っては出てこない。ただ、職員たちから見て「あの局長はどうするだろうか」という、保守知事に長年仕えてきた上層部の進退への関心である。わたしなどはまだ吹けば飛ぶような存在だったから野次馬的立場でこの混乱を見つめていた。

しかし記憶によれば、上層部は「新知事を迎えるにあたって辞任はしない」という申し合わせをしたようだ。「公務員の中立性」からいえば当たり前のことなのだが、そうなると今度は、「新知事は報復人事をおこなわないだろうか、自分はその対象にならないだろうか」という、新しい疑心暗鬼が湧いてくる。

そして素早い幹部は、まだ正式に知事に就任していない美濃部さんの私宅に、いわゆる〝美濃部詣で〟をはじめた。追随者がたくさん出た。一部職員による「追放者名簿（ブラックリスト）」までつくられた。結局、このリストは使われなかったようだが。

美濃部都政になると、旧都政の首脳たちが案じたとおり、以後の議会運営は非常に難しいものとなった。

やがてわたしは課長から参事（部長）を経て広報室長になった。企画調整局長にもなった。企画調整局長は、議会との対応も主務だ。

当時最大野党が自民党だ。ここことの調整を柔らかくしなければ、議会は揉める。事実揉めた。とにかく美濃部さんが「革新知事」ということで、始終攻撃された。保守政党は生理的に革新が嫌いなのだ。その嫌悪感もあって、議会における公開質問は相当にきびしい。

そのために、議会が開かれる前に、

「質問内容」

を事前にキャッチすることが、局長陣の大切な仕事になった。その中でも、都議会開催の冒頭におこなわれる知事の所信表明に対する代表質問が、何といってもメインになる。この質問には、自民党が凄腕の練達者をさし向ける。

そのために、わたしは質問前にその内容を教えてもらうべく、凄腕の議員の自宅を次々と訪問した。東京東部を選挙母体とするA議員は、美濃部嫌いで鳴らしていた猛者《もさ》だ。夜、訪問すると会ってくれない。

「美濃部子飼いのイヌなどに会いたくない」

ということだ。わたしはしかし、退散することなく門前に立ち続けた。やがて雨が降りはじめた。それでも、わたしは去らない。我慢くらべだと思って、こっちも執拗に立ち続ける。雨が激しくなった。そのとき家の人が門内から出てきた。

「中にお入りなさい」

といってくれた。中に入った。A先生は居間にどんと構えて、わたしを睨みつけた。しかしわたしが誠意を示して質問内容をきくと、急に、

「腹が減ったか」

ときいた。減っておりますと答えると、

「いま飯を炊いたばかりだ。食え」

といった。わたしはありがたく頂戴した。そして、

「このご飯は、ワラでお炊きになりましたね」

といった。A先生はびっくりした。

「わかるか」

「わかります。わたしも子どものころ、よく飯を炊きましたから」

A先生はほうとわたしを見たが、その眼からはさっきまでの憎しみは消えていた。

そして、

「質問するといっても、おまえにきくわけではないぞ。なぜ質問の内容を知りたがるのだ」

ときいた。そこでわたしは、

「代表質問の答弁は、わたしたちが書きます。ですからぜひ教えていただきたいのです」

とこちらの内情を話した。A先生は目を細めた。やがて、

「知事にききたいのはこういうことだ。まずその姿勢についてきく」

とポツリポツリと自分の考えを話しはじめた。この夜食べた、ワラで炊いた飯のうまさはいまでも忘れない。A先生ともその後、仲良くなった。

おまえには根負けしたよ……

もう一人、B議員は多摩を選挙母体とする古手の議員だ。しつこくわたしが議員控え室で質問の内容の教示を迫ると、ついに根負けして、

「明日の朝、うちへ来い」

といった。

「何時に伺えばよろしいですか」

「朝六時だ。ニワトリにエサをやる。それを手伝え」

とジロリとわたしを見た。その眼には、

「おまえはエリート幹部だ。ニワトリにエサなどやったことはないだろう」

という色がありありと見えた。わたしは微笑んで、

「小さいとき、わたしの家でもニワトリを飼っていました。エサをつくるのは得意です」

「ほう、エサはどんなつくり方をするのだ」

「貝殻を砕きます。それにハコベを入れます。ハコベがないときはノグサをとってこれに代えます」

と応じた。事実、わたしはニワトリのエサのつくり方を知っていたのである。B先生は目を丸くした。

「ホンモノらしいな。とにかく明日来い」

その日朝から車をとばしてB先生のところに行った。そして一緒にニワトリのエサをつくり、これをまいてニワトリたちに与えた。その間、ニワトリのエサをまきながらB先生は、

「知事にききたいことはこういうことだ。おれは是々非々で、都民のためにいいことなら、賛成する。知事によくそういっておけ」

といってくれた。

最終的に試されるのは「気迫」と「誠意」

「こういう問いかけに知事は一体どう答えるつもりだ」

と答弁内容を事前に求める議員さんもいた。わたしは話した。これは秘密でもなんでもないからだ。というのは、わたしはこういうときに武田信玄のいった、

「人は城 人は石垣 人は堀」

という言葉を、

「組織におけるトップと幹部の分権と責任の問題」

と解釈していたからである。この言葉には下の句がある。それは、

「情けは味方 仇《あだ》は敵なり」

というものだ。この言葉の意味は、

「部下には愛情を持って接することが大事で、憎んだりしてはならない」

ということだろう。ただ、いままではこの下の句を主体にして上の句を解釈するから、

「武田信玄は部下に対して非常に愛情深かった」

という意味だけで伝えられてきた。これは間違いだ。

というのは、いまの山梨県は旧国名を甲斐《かい》国といった。甲斐の語源は山峡《やまかい》だという説がある。「やまかい」というのは〝山と谷〟ということである。そうだとすれば、その地理地形から主要な税源である年貢（米）の生産地（水田）はかなり限られるということになるだろう。鉱物などはあっても全体的には必ずしも豊かに恵まれた国ではない。

そういう国を経営する武田信玄において、幹部との関係がこんな愛情一辺倒で貫かれていたら、いまでいえばすぐ倒産してしまう。したがってわたしは、

「これは一見愛情に見えるが、そこには実にシビアな現実が据えられているのだ」

と解釈した。

伝えによれば、信玄は二十四人の幹部を集めてよく戦略会議を開いた。そしてこれをそれぞれの職場に持って帰らせる。そのときは、

「ヒラも含めてそれをどう実行するかの戦術会議を開け」

と命じたという。行き届いている。これがふつうのトップのありようだ。

わたしはこのことを次のように解釈した。

・信玄は二十四人の幹部を集めて、その議論によって戦略を立てる
・戦略はそれぞれ二十四人が二十四分の一ずつ自分の職場に持って帰る
・今度は職場で戦術会議を開き、持って帰った戦略を粉々に砕き、ひとかけらずつ自分の部下に与える
・信玄の意図はおそらく、武田家に籍を置く者は、戦略のひとかけらでも受け取っ

たら、それをおこなう立場は、信玄の分身だと思え、ひとかけらと思えということだ
・ということは、そのかけらについて失敗したときは、その責任の重さは信玄とおなじものを感じなければならない

ということである。わたしは信玄の言葉をこのように解釈していたから、少なくとも都庁の首脳部の一人として、自分を「知事の分身、あるいはひとかけら」と考えていた。したがって一筋縄ではいかない議員さんたちに接するときにも、この使命感が前に出ていたから怖いものはなかった。

「今日は、知事のかけらが勝負しにきたのだ」

という責務感があった。そして、この気迫が通じたのかもしれない。雨の日に温かい飯を食わせてくれたA議員、一緒にニワトリのエサをまいて質問内容を漏らしてくれたB議員、さらに答弁の内容を一緒に考えてくれたC議員など、みんな懐かしい。ほとんどいまは亡くなってしまったが、生前の交流はいつまでも続いた。

敵対する議員側に、こういう理解者が生まれてきたのは、ひとかけらの気迫が相

手に通じたからである。その根底にあったのは「誠意」でしかない。

この「誠意」をどうしてわたしが保ち得たか。それは歴史上の人物で、いちばん忍耐強かった徳川家康の面影が常にちらついていたからだ。わたしは正直にいって気が短い。しかしこういう場合には、

「家康の忍耐心に学ぼう」

と思っていた。時に、かなり屈辱的な言葉を投げられることもあった。が、耐えた。それは、

(おれが耐えているのではない。知事が耐えているのだ)

と思っていたからである。

いまいる場所で、いまやる仕事に全力を

わたしは美濃部知事が辞めるときに、一緒に都庁を退職した。五十一歳のときである。

そして、その後、美濃部都政十二年の総括の意味も込めて、山形新聞に『小説上杉鷹山』の連載を始めたことは前述したとおりだ。

よく年代ごとの生き方を、「起承転結」というが、わたしはあるころから、「起承転転」と考えるようになった。

年齢的にいえば、「起」は社会に出る二十代であり、「承」は実力を発揮していく三十代、自分を取り巻く環境が変わり始める四十代が「転」で、人生を結実させる五十代が「結」に当たるのだろう。

しかし、これは人生五十年といわれたころの考え方だから、人生八十年、百年時代で、社会の変化もはげしい現代には、そぐわない。

「もはや人間の一生に結などない。死ぬ日まで転がり続けるだけだ」と思い定めている。

「転がる」といっても坂を転がるのではない。落下ではない。「いまいる場所で、いまやっている仕事に全力を注ぐ」ということだ。「これでいい」という自己満足をしない、ということなのである。そのために「時間との戦い」と「緊張感の張りつめた気持ち」を保ち続ける、ということだ。

〝決めつけ〟なければ、いくつになっても成長できる

講演先でよく色紙を頼まれる。わたしはためらわずに、

「恕《じょ》」

という字を書く。これは論語にもある孔子の教えだ。恕とは、

「常に相手の立場に立ってものを考えるやさしさと思いやりのこと」

である。この年になって歴史から学んだことをつとめて実行するように意識している。それは、

「エラい人物ほど、社会の低いところに身を置くようにしている」

ということだ。俗にいう、

「実るほど頭《こうべ》を垂れる稲穂かな」

というものである。老子は、これを滝にたとえた。自分のいる立場を低いところに置けば置くほど、谷底に流れ込む滝の数が多くなる。しかし年を取ったなら、その滝に対し十分対応していけるように自分を鍛えなければならない、ということだ。

滝というのは、時に批判であり非難だ。あるいは救いを求めるせつない切実な声だ。そういういろいろなものの仕分けをしながら、一つひとつに丁寧に答えていけ、

という教えなのだろう。

わたしはまだそこまでの境地には至れないが、極力、

「高いところからの言行」

には気をつけるようにしている。

そして、わたしが歴史から学んだ最大のことは、

「絶対に決めつけない」

ということである。

たとえば織田信長にしても、わたしは若いときに持ったイメージの〝合戦の天才〟とは決めつけていない。むしろ〝日本人に文化生活を主導した指導者〟だ、と受け止めている。

武田信玄にしても〝部下にやさしいトップ〟というだけでなく、〝生産性の少ない地域を、いかに活性化するか〟に苦労した中小企業のトップだ、とイメージしている。

これらはいまわたしが生きている時代状況から帰納した人物のとらえ方である。明日、あるいは来年は、また違った評価でとらえるかもしれない。

この〝流動的な見方〟こそ、歴史に対する謙虚な向き合い方だ、とわたしは信じている。だから、〝自分の歴史観〟においても、〝決めつけない歴史観〟をやしなうように努力している。

それは歴史上の人物や事件に対してだけではない。現実において、いま日々接する人びとに対しても〝決めつけない〟ことを極力おこなうようにしているが、時にこれが生来の気性のために破れることがある。そのときは猛烈な自己嫌悪に陥る。まだまだわたしは至らない。歴史から学ぶことが多々あるようだ。どうか、お読みくださった方々も、

「自分の歴史観」

を構築するうえにおいて、絶対に、

「けっして決めつけない」

ということを重んじていただきたい。それは歴史に対するあなたの愛情であり、そのことはとりもなおさず、あなたの、

「歴史へのヒューマニズム」

なのだから。

文庫特別対談

「歴史と私」

童門冬二
出口治明

出口治明（でぐち　はるあき）

APU（立命館アジア太平洋大学）学長。1948年三重県生まれ。京都大学法学部卒業後、日本生命入社。ロンドン現地法人社長、国際業務部長などを経て2006年に退職。同年、ネットライフ企画株式会社（現ライフネット生命保険株式会社）を設立。社長・会長を10年務める。12年に上場。17年取締役を退任。18年より現職。歴史に造詣が深く、『0から学ぶ「日本史」講義　古代篇・中世篇』（文藝春秋）、『全世界史　上巻・下巻』（新潮社）など歴史に関する著作が多数ある。

それぞれの歴史との出会い

出口　童門先生には初めてお目にかかりますが、そもそも先生と歴史の出会いは何だったのですか？

童門　出会いについては二つございます。一つはこの本にも書いたのですが、小学校五年生のときの担任の先生ですね。ヤマタノオロチもスサノオノミコトもみんなわれわれの先人であり古代の生活者なんだ。神話の形をとっているけれども、われわれと同じ生活者の話なんだと教えられたことです。これはかなり頭の中に沁み込みました。わたしが歴史の道を歩むことになったのは、多分にその先生の影響です。

出口　教師の影響って大きいんですよね。

童門　もう一つは、僕は戦争中、予科練（海軍甲種飛行予科練習生）の特攻隊にいました。ただもう敗戦間際は飛行機がありませんから、結局、出撃せずに帰ってきたのですが。そして戦後、GHQの指示で、公立の小中学校から二宮金次郎の銅像が撤去されたんです。東京ではほぼ全校で見ることができなくなった。これにちょっと疑問を持ちまして、金次郎についてもう少し知りたいなと思ったときに、内村鑑三さんの著書『代表的日本人』に出会いました。二宮金次郎は軍国少年でもなければ、アジテーターでもない、真面目な農政改革者でしかない。敗戦後のような扱いをしていると、歴史上の人物の扱いがみんな歪んでしまう。そう思いまして、『代表的日本人』に書かれている五人（西郷隆盛・上杉鷹山・二宮尊徳・中江藤樹・日蓮）をいつかは長編小説化しようと考えたんですね。それで、まずは上杉鷹山から手をつけていって、全部終わるころに、この世における持ち時間が終わるだろうと思ってたんです。思ってたんですが、五人書き終えても、プラスアルファの時間が延々と続いてまして、いま弱っているところです（苦笑）。出口先生はどのような出会いだったんですか？

出口　僕の場合は、童門先生のような立派な出会いではないんですが、子どものころから本の虫だったんです。手当たりしだいに本を読んでいて、最初は自然科学の本が面白かった。あるいは図鑑ですね。歴史書で最初に読んだのは確か『平家物語』。名調子の名文ですから、『平家物語』って面白いなと思った。ただ清盛、忠盛、重盛、維盛《これもり》などと同じような名前が出てきてややこしいなぁと思って、小学3、4年生のときに自分で系図を作った記憶があります。それが記憶に残っている最初の歴史書との出会いですね。

次は『源氏物語』を読もうと思って、図書館で借りてきた。源氏の物語なんだからきっと鎮西八郎為朝《ちんぜいはちろうためとも》（源為朝）とか出てくるんだろうなと思って読んだら、全然出てこない（笑）。読んでも読んでも出てこないので、なんかおかしいなぁと思って途中でやめた記憶があります。

それから小学6年生か中学1年生のころ、当時僕はガキ大将だったので、アレキサンダー大王に憧れていたんです。それでアレキサンダー大王の本を図書館で借りてきて一所懸命読んだ記憶があります。ただ、アレキサンダー大王って10年の東方遠征の間、連戦連勝で一度も負けないじゃないですか。そのとき疑問に思ったのは、僕は小学校までは体が大きいほうだったので、喧嘩にはだいたい勝つんです。でも、5発殴って勝っても、3発ぐらい殴られて、こっちも痛い思いをする。そういう体験があるものですから、アレキサンダーが10年間ずっと戦争で勝ち続けるなんてあり得るのか？　と思ったんですね。それが最初の疑問だった。それで百科事典などでいろいろ調べると、インダス川のほとりでマケドニアから援軍を受け取っているんです。それで、ああ、なるほど、そうだよねと思った。やっぱり10年も戦い続けようと思ったら、援軍が来ないと無理だよね、と。

でもその次に、電話も郵便もないのに、はるか遠くギリシャのマケドニアから、どうしてアレキサンダーがそこにいるとわかったんだろうと不思議になって、また調べまくったんです。すると、アカイメネス朝ペルシャ帝国の大王ダレイオス１世が「王の道」という駅伝制度を整備したと書いてあって、そういうことか！　と合点がいったんです。この駅伝制度を使ったから、連絡がついたんだと。そのとき思ったのは、アレキサンダーは巨大な帝国を新しくつくったんじゃなくて、ペルシャ帝国を乗っ取ったんだな、調べていくと歴史って面白いんだな、と思ったのが歴史との出会いです。すべて本からでした。

尊敬する歴史上の人物は偶然にも……

出口　童門先生が尊敬する歴史上の人物はどなたですか？

童門　一人に絞るとしたら織田信長なんです。僕は人物というのは円筒形の存在で、360度見る角度によって見え方が違うと思っているんです。そのせいか、若いときに見ていた信長観というのが、いまはガラリと変わりましてね。180度正反対の位置から見ているような感じです。

出口　茶道でお茶碗を回すようなものですね。

童門　そうなんです。結局、まだ掘り尽くせないんです。いくら調べても、また違った面が出てくる。そのくらい僕にとって信長は怪物、得体が知れない。出口先生はいかがですか？

出口　僕は一人挙げよと言われれば、クビライ（フビライ・カアン）なんですが、日本でいえば（平）清盛か（足利）義満、信長が大好きです。信長・秀吉・家康という戦国三傑の中では信長が一番好きな武将ですね。それはなぜかといえば、この三人に仕えたらどうなるかと考えると、僕は絶対信長に仕えたいと思うからです。

童門　わたしもそうですね。

出口　信長の事績を調べてみると、癇癪《かんしゃく》持ちかもしれないけれど、いまの企業にも癇癪持ちの上司はいっぱいいます。そういう上司には機嫌がいいときに話をすればいい。何よりも大事なことは、進言を合理的に判断してくれるかどうかということ。信長は三人の中で一番合理的に判断してくれそうなんです。

もう一つ、かりに逆鱗《げきりん》に触れても命までは取られない。信長は部下をずいぶん厳しく叱咤《しった》激励していますが、実は殺していないんです。「泣かぬなら　殺してしま

え　ホトトギス」の例えは間違いであって、信長は機嫌のいいときなら意見を述べても、合理的な考えなら聞き入れてくれるし、かりに逆鱗に触れても殺されはしない。せいぜい高野山に追放されるくらいで。秀吉は合理的ではあるんですが、部下を殺しますよね。

童門　機嫌を損ねたら、千利休や秀次のように殺されてしまう。

出口　家康は何を考えているのかわからないところがある。のらりくらりと様子をうかがっていて、何か献策したところではっきり答えてくれるかどうかわからない。だから僕はこの三人に仕えるんだったら、信長がもっとも仕えやすいと思うんです。

歴史が教える、リーダーに一番欠かせない資質

出口　僕はリーダーというのは、民にごはんを食べさせることが一番の仕事で、だから経済をわかっていないとリーダーの資格はないと思っているんです。そういう意味では清盛も義満も本当に経済のことがよくわかっていて、尊敬すべきリーダーです。信長が京都に入って、東山御物《ごもつ》（室町幕府八代将軍・足利義政によって収集された絵画・茶器・花器・文具など）を買い上げていますよね。信長は天下人になっ

たので、金銀が上納されてくるわけですが、ものすごく高い値段でそれらを買い漁っている。昔は信長の成金趣味の典型のように考えられていましたが、よくよく考えると、日本銀行が国債を買い上げてマネーを市中に放出するのと同じように、自分のもとに集まってきた金銀を手元に置いておいても、経済は回らないので――

童門　循環させた。

出口　そうです。大量の金銀で買うものって、当時は東山御物ぐらいしかなかったので。日銀の国債買い上げと同じことをやっているんですね。経済のセンスは抜群で、とても合理的な人なんです。なんでクビライが好きなのかというのも同じで、身分などに一切左右されず、有能な人は召し抱えて合理的に政治をおこなったからです。

童門　信長は堺へ鉄砲を買いに行きますよね。そのとき利休に会う。利休が市中の山居《さんきょ》といって、自分の茶室に連れていってお茶を飲ませるんです。そのときに利休の態度がかなり大きい。利休はととやですから魚屋であり、納屋衆でもありますから倉庫業者です。ここからは僕の想像ですが、商人がなぜ天下人に対してこんな大口が叩けるのか、こいつのバックボーンは一体何なんだ。茶を飲まされて、作法を聞いているうちに、ああ茶道だな、と。茶道＝カルチャー、文化だと。信長は当時もう日本人の土地至上主義に限界を感じていて、狭い日本で土地にこだわっていたら部下に給料も出せなくなっちゃうし、日本は行き詰まってしまう。だから、日本人の価値観に土地プラスアルファを加えなければいけないと思った。それで衣食住に文化性を与える意識改革を持ち込んだんだろうと僕は思っています。

出口　日本はものすごく幸せな国なんです。なぜなら、当時、絹とかお茶とか陶磁器といった世界が欲しがる世界商品は何もなかった。だから、だれも日本に来ない。雨はいっぱい降るからお米は潤沢に穫れる、魚もたくさん獲れるから食うに困らない、夢のような国なんです。

ところが信長のころ、石見《いわみ》銀山が発見された。世界の基軸通貨である銀が大量に出て、世界中から人が来る。まさに金銀がたくさん出た黄金の国ジパングです。そのときに世界と交易して豊かになる。そういう面では、大きい時代の流れやマネーサプライの重要性を、信長はたぶんわかっていたんですよ。そういう時代にそういうリーダーが出たからこそ安土桃山文化が栄えたんです。歴史にｉｆはないんですが、もし本能寺の変がなかったら、日本はどんな面白い国になっていたかって思いますよね。

歴史を自分にどう生かすか

出口　ところで童門先生は、ご自身の生き方に、歴史をどう生かされているんですか？

童門　経営者に講演で呼ばれたとき、最後の質問でよく聞かれることがあるんです。当時はITもなく、新幹線も飛行機もない、自分の足でテクテク歩いている時代と現代はまったく違うのに、歴史はいまに役に立つんですか？　と。僕は逆にITもAIもない、機械に頼ることができないからこそ、知恵の働かせ方は現代よりも昔の人のほうが優れていたのではないでしょうか、と話すんです。

たとえば、蒲生氏郷は領地異動で新しい任地に行ったとき、連れて行った部下や商人と在来の住民とでいざこざが起こると、かれは地名を変えちゃうんですね。伊勢の松阪や会津若松がそうです。新地名を新しい容器として中身を意識改革させるんですね。固定観念や先入観を発展的解消させてしまう。〝新しい酒は新しい皮袋に盛る〟です。

出口先生はいかがですか？

出口　僕は脳科学が好きで、脳学者とよく議論するのですが、人間の脳は1万年以上進化していない、というのがかれらの共通見解です。つまり、昔も今も喜怒哀楽や経営判断は同じなんです。技術は蓄積ですから、社会は進化していますよね。でも社会が進化すると、人間はついつい深く物事を考えずに、自分たちも進化していると思いがちですが、脳学者は人間の脳は一切進化していないと言っている。つまり、いつ優れた人が生まれるかわからないんです。いまの政治家の中では清盛や義満や信長のような人はだれもいないと思いますが、それは不思議でも何でもない。脳みそが一緒だったら、1万年の間でいつ最高の脳みそが生まれるかはアットランダムです。大事なときに最高の脳みそが生まれて指導者になってくれたら、その国はラッキーで栄える。そうでなければ滅ぶ、というだけの話ではないでしょうか。

そういう面では、歴史上の人物の事績を勉強するということは、だいたい優れた人の話が残っているわけですから、職場でいえば立派な先輩を真似して勉強するのと同じことだと思います。事実は小説より奇なりで、人間が頭の中だけで考えたビジネスケースなんて大したことはない。歴史は生きたビジネスケースが学べるので、どれだけ時代が進んでも歴史は生き方の参考になると思います。

童門　何千年という歴史のフィルターにかけられて残っている人たちですからね。

出口　そうなんです。偉い人ばかりじゃなくて、めちゃめちゃひどい人もいて、極端な人が残っているんで、いろんなケーススタディになると思いますよね。

歴史には勉強の仕方がある

出口　童門先生は歴史をどういう具合に勉強されるのですか？

童門　わたしの場合は、小学校の教師に教わった「すべて生活者である」という視点に立って歴史を見ていく、というスタンスですね。地方自治に携わっていたこともあって、どうしても地方、地域のために努力した人に目が向いちゃうんです。そういった力の総和として中央を動かしたような人物やエピソードに狙いをつけていますね。

出口　僕は日本生命時代に3年間ロンドンで勤務していて、北欧の日本でいえば昔あった公営金融公庫のような所にお金を貸したことがあるのです。その際、担保はどうするのかと聞いたら、「徴税権がありますから心配ありません」と言われたのです。市民から税金を集める権利は、国の権限ではない。地域、地方自治体が本来持っている固有の権限だと。つまり橋を架けたり小学校をつくったりするために、地域住民からお金を集める権限は、地方自治体が本来固有に持っている自然権なんだ。のちに国民国家、Nation stateができたときに、国防や外交はまとめてやってもらったほうが楽なので、徴税権の一部を上納して、国にも徴税権を与えた。だから本来は国に徴税権なんかない、自治体に徴税権があるのですと言うんです。それを聞いて、目から鱗《うろこ》が落ちて、そのとおりだなと思った。その考えに近いですよね。

童門　出口先生が学長をなさっている立命館アジア太平洋大学（APU）がある大分県は、数代前の知事に平松守彦氏がいました。平松氏が唱えていたのが「廃県置藩」だった。いまの県制度をやめて、江戸時代の藩に戻せと。それがいまおっしゃったような、徴税権・課税権が藩にあった状態。徳川幕府にはなかった。幕府もあちこちに天領を持ってはいましたけれども。

出口　せいぜい400万石ですからね。

童門　九州にもう一度大宰府を復活してもらえれば、いちいち東京に行って官僚にあれやこれや嘆願書を出さなくていい。それをさかんに平松氏は言っておられた。

出口　まさにそのとおりで、実はAPUは一村一品運動の仕上げだと思うんです。

どこにもない大学を大分県につくろうという。だから学生も先生方も、半分を世界から集めようと。徴税権に関しては、僕も地方にもう一度返して、道州制にして、北海道と九州ではまったく条件が違うわけですから、税率も変えて、どっちが住みやすいか競争したほうが、はるかに日本は健全な国になると思います。国には外交や国防をしっかりやってもらえばいい。

童門　おっしゃるとおりです。出口先生は歴史をどう勉強されてるのですか？

出口　僕の場合、世界は全部つながっていると思っています。例えば、仏教伝来は「ほっとけゴミ屋（538）さん」と覚えさせられたように、538年に百済《くだら》から伝わったとされている。調べてみると、538年は百済が新羅《しらぎ》に攻められて、都を南に移した年。国が滅ぶかどうかの瀬戸際で、仏教という最新の技術体系を教えてやるから助っ人（兵）を出してくれ、という切羽詰まった状況の中で日本は仏教を受容していたことになる。仏教が伝わったいきさつ一つをとっても、当時の朝鮮半島の歴史を見ないと、本当のところはわからない。世界は全部つながっているので、童門先生とは逆なんですが、日本史はむしろ世界史から見たほうがわかりやすいというのが僕のスタンスなんです。

歴史を学ぶことの本当の価値とは

出口　ところで、歴史を学ぶって、そもそもどういうことなんでしょうか?

童門　わたしは満91歳なんです。

出口　とてもお元気そうですが、僕は71歳ですから、ちょうど20年先輩です。

童門　僕の生き方の基本線は、起承転結ではなく起承転転、死ぬまで転がり続けるという考え方なんです。そんな人生において、歴史を自分の生き方とリンクさせることが多かったですね。身近なことでも、これは信長だったらどうしたかな、と時間・空間を飛び越えてフィードバックさせてみる。

出口　つまり童門先生の生き方の鑑《かがみ》になる、ということですね、信長なり歴史が。

童門　いえいえ、鑑になんてとてもとても（苦笑）。歴史上の人物のいいところのパクり、いいとこ取りばっかりしてる。信長は非常に好きな人ですけど、かれ一人じゃなくて、秀吉にしても、僕はかれがやったことで意外なのは、農村の生まれの低身分から関白になった人ですから、相当上昇志向が強くて、個人プレーの処世術ばかりやっていたのかと思ってたら、むしろ織田信長から命ぜられた仕事を個人でやるな、チームが大事だ、チームワークつまり組織力ほど強いものはないと考えていたんです。家康もそう。この本の中でも書きましたが、槍の試合、清洲城の修理、長篠の合戦の鉄砲、すべて秀吉のやっていることは組織化なんです。

出口　秀吉はリーダーとしてはとても優秀です。信長のグランドデザインを実行に移した。信長はカエサル（共和政ローマの政治家）のように絵を描く人で、秀吉はアウグストゥス（帝政ローマの初代皇帝）のように着実に政策を実行していった。この二人のやったことを、家康はほとんど何も変えずに引き継いでいますね。

童門　わたしは都庁に勤めていたころ、日本のウエットな人間関係に嫌気が差したこともあって、一時期ハーバード大学の経営学にかぶれていました。ハーバードでは、合理的かつクールな論理で、情報共有の必要性や、自分のやっている仕事が組織に対してどれだけ寄与しているかなどをきちんと示してくれる。でも、それって秀吉が実行した塀の修理や鉄砲の三段構えの論理とまるっきりオーバーラップするんじゃないかということに、あるとき気づいたんです。

出口　政策家として優秀で、本能寺の変の直後の、備中から京都への大返しでも、ロジスティクス（兵站《へいたん》などを補給する仕組み）をしっかり考えていましたからね。

そういう意味では本当に優秀な人。

童門　最後がいけないんですよね。現場のリーダーとしてはすごいと思う。組織のトップ層からミドル、ローまでを納得させるような指導法を、かれは実践できていた。信長のビジョンを成し遂げたかなりの部分は、秀吉の功績のおかげです。

出口　信長は創業の人で、秀吉は守成の人だと思う。ただ秀吉は後継者選びをミスって、守成の人と見なされなかった。後継者選びには失敗しましたが、江戸幕府の枠組みをつくったのは、間違いなく秀吉です。

童門　出口先生は、歴史を学ぶことをどう考えているのですか？

出口　僕は、歴史を学ぶというのは、ヘロドトス（世界最古の歴史書『歴史』を著した古代ギリシャの歴史家）が書いていることに尽きると思っています。「人間は愚かな存在や。そんなに賢くはない。だから自分が世界中を旅して見聞きしたことをちゃんと書き留めておくから、アホな失敗はできるだけ減らしたほうがええで」。わかりやすくいえばこう述べている。ダーウィンの進化論に近いんですが、何が起こるかはだれにもわからない、ただ悲しいことに教材は過去しかないので、歴史を学んでおいたら適応しやすくなるで、と。

童門　なるほど。

日本人の歴史との向き合い方について

出口　ところで童門先生は日本人の歴史との向き合い方について、どう思われますか？

童門　いろんな群れ（派閥）がありましてね。僕の体験からいうと、日本の歴史とアメリカの経営学とを結びつけることなど、邪道視されたことがあったんです。日本史を純粋に研究している人たちからすると、花園荒らしみたいな感じでね。だから、あるころまでは石をぶつけられました。特に王道の歴史雑誌があったわけです。その歴史雑誌そのものが、まだ大学の紀要から離れられないような固定観念を持っていた。そうなると、僕などは異端だったんです。日本人の歴史の向き合い方ということでは、固定観念や先入観による歴史観が、必ずしも戦後の民主主義によって払拭《ふっしょく》されて、新しいものが生まれたわけではない。かなり長い間、尾を引いていたと思いますね。

出口　まだまだ引きずっている気がしますよね。

童門　またぶり返しそうな気配もありますから。

出口　おっしゃるとおり、経営と歴史上の人物を結びつけるのは何もおかしなことじゃない。歴史というのは、人間がおこなった過去の出来事ですよね。人間の脳みそが同じであれば、経営論にも当然援用できますし、教訓を学ぶことができる。歴史と経営論が別問題という考え自体がおかしい。僕が日本人の歴史との向き合い方について一つ思うのは、フィクションと史実は違うということ。

童門　そこなんですよ。

出口　『陰謀の日本中世史』（呉座勇一著・角川新書）というすばらしい本があります。平たくいえば本能寺の変は、歴史的に見ればどう考えても明智光秀の単独犯行で、裏に秀吉や家康がいた、天皇、イエズス会がいたなどというのは面白いけれども、根拠が何もない。ただ、なんでフェイクニュースのような陰謀論がはびこるかというと、学者が「これ嘘やで」と指摘しないからだと。学者は象牙の塔から、民間の素人がまたアホなことを書いてるな、と無視しているだけ。でもプロが指摘しなければ、それが行きわたってフェイクニュースの温床になる。だから学者の使命は、学術論文を書くだけではなくて、フィクションと史実をちゃんと峻別《しゅんべつ》することなんだと述べています。僕も日本史の本を書いていますが、そこは徹底して気をつけたいと思っています。

童門『0から学ぶ「日本史」講義』（文藝春秋）ですね。あの本を読んで衝撃を受けた箇所がずいぶんとありました。

出口　恐縮です。歴史の本を書く際に、いろいろな説があるときは、その中で僕の腹に落ちる一つの説を採っているんですが、創作したものは一つもない。自信がないところは全部、現役の大学の歴史の先生に裏をとって、こういうファクトでいいですか、と確認しながら書いています。僕はフィクションと史実を曖昧にするのは絶対に避けるべきだと思っているんです。僕は司馬遼太郎さんは大好きで、ほとんど全部読んでいます。でも、あれは小説で、基本はフィクションですよね。フィクションと史実を分けないと歴史から学ぶことができなくなる。日本の歴史との向き合い方については、フィクションと史実の混同という点が一番気になるんです。

童門　耳が痛い話ですね（笑）。

元気の秘訣は「好奇心」と……？

出口　一つ童門先生にぜひお聞きしたかったのは、91歳になられても、お元気に活躍されていて、勉強もされていて、本当に尊敬しています。そのエネルギーはどこから来るんですか？　僕は20歳も年下なのに、最近ときどきしんどいなと思ったりするんです。

童門　自分のやってることで申し上げれば、朝起きてから夜寝るまで、好奇心の塊なんです。お節介、のぞき見が好きで。それで日々新たに課題を抱えちゃう。当然、すぐに全部処理できませんから、どうしてもまたいろんな本を読んだり、勉強しなきゃいけない。それが始終、身のまわりに山と積まれているということですかね。

出口　僕も好奇心は強いほうだと思っているのですが、それが先生の若さの一番の原動力なんですね。

童門　アメリカの詩人サミュエル・ウルマンの『青春の詩』がありますよね。松下幸之助さんも訳されていますが、僕は僕なりに「青春とは年齢ではない。好奇心と情熱さえあれば、その人は常に青春なのだ」と訳しました。いま目黒区に住んでいるんですが、目黒区の名誉区民に選んでもらっていて、成人式や敬老の日に何かしゃべんなきゃいけないんです。もう一人の名誉区民が王貞治さんなんですけど。

出口　すごいですね、目黒区は！

童門　王さんはソフトバンク球団の仕事が忙しくて、たいてい僕なんです。成人式と敬老の日ともに語る内容は同じです。『青春の詩』についてと、ルーマニアの作家でスターリン体制で弾圧されて『二十五時』という小説を書いたコンスタン・ヴィルジル・ゲオルギュという人がいるんですが、かれは「たとえ世界の終末が明日であったとしても、わたしは今日リンゴの苗を植える」という言葉を残している。これを引用して、20歳になった若者たちには、今日ここから1本のリンゴの苗を植えて育てるんです。80、90になったお年寄りたちにも、いままでも十分リンゴの木を育てたでしょうけど、今日また新しく1本植えてってくださいね、と話すんです。好奇心と情熱、あともう一つは餌ですね。

出口　ごはんですね？

童門　肉。1日おきに食べてます。

出口　あっ、僕もお肉が大好きです！

童門　限りなく生に近い肉がいい！

出口　僕もレアが大好きです！

童門　日野原重明先生も森光子さんもよく言ってましたから、それを拳拳服膺《けんけんふくよう》しているわけです。

出口　先生の元気の秘訣は、好奇心と次の世代に対する情熱と、お肉ですね（笑）。

歴史は双方向から見る

童門　日本史に向き合う視野の問題でいうと、出口先生は世界史から、僕は葦《よし》の孔《あな》から天井（世界）を覗いてるようなものです。

出口　葦の孔から世界を覗く、というお話でふと思い出したのですが、昔ギリシャにタレスという大哲学者がいて、夜空を見上げて観察していて、ずっと空ばかり見ていたので、穴に落ちてしまったという有名な話があります。昔は観察に夢中になって、足元をよく見ていなかったという寓話だと解されていた。でも最近は解釈が違ってきていて、タレスはむしろ穴の中から夜空を眺めていたんじゃないか。つまり、穴の中から見上げて、縁《ふち》があるほうが、星の移り変わりがよくわかる。漠然と眺めていてもわからへん。限定した方法のほうが、広い世界がよく見えるのかな、と。

先生のお話からタレスの話を思い出しました。

童門　何年か前、ＮＨＫの大河ドラマで、遠州井伊谷の女領主・井伊直虎を主人公にした。いままで全国区の主人公を立てていた大河ドラマとしてはめずらしく地域を取り上げた。それはまさに葦の孔から天下を覗くようなもので、彼女は地域で満足していなくて、そこから天下を見ていた。

出口　リンクしているんですよね。世界も地域もつながっている。逆に世界を切り取る方法っていくつもあって、地域から世界を見ることもできますし、世界から地域を見ることもできる。双方向で向き合うことが大切ですよね。

童門　フィードバックですよね。

出口　双方向から見ないとものごとはわからない。すごく勉強になりました。ありがとうございました。

童門　こちらこそありがとうございました。

（了）

本書は二〇一四年七月に新書判として小社より出版されたものに、加筆・修正し、対談を加えて、文庫化したものです。

青春文庫

なぜ一流《いちりゅう》ほど歴史《れきし》を学《まな》ぶのか

2019年 7月20日　第1刷

著　者　童《どう》門《もん》冬《ふゆ》二《じ》

発行者　小澤源太郎

責任編集　株式会社プライム涌光

発行所　株式会社青春出版社

〒162-0056　東京都新宿区若松町 12-1
電話 03-3203-2850（編集部）
03-3207-1916（営業部）
振替番号　00190-7-98602

印刷／中央精版印刷
製本／フォーネット社
ISBN 978-4-413-09726-0